サンドウィッチマンの俺等に聞くの!?

サンドウィッチマン＝著

はじめに

伊達：どうもサンドウィッチマンです。
富澤：え？　俺もですか？
伊達：そんな小ボケとかいいんだよ。今日は重大なお知らせがあって来てるんだから。
富澤：重大なお知らせって、もしかして…出馬？
伊達：するか！　するとしても今じゃねーよ！
富澤：なにちょっと将来に色気出してんだよ。
伊達：冗談だよ、冗談。そうじゃなくて！【赤ちゃんとママ社】＋【サンドウィッチマン】と言ったらもうあれしかないだろ？
富澤：伊達が月刊『赤ちゃんとママ』の表紙を飾って物議を醸した

あの事件のことか？

伊達：そんなおおごとになってねーよ！　じゃなくて！　ふたりで連載してただろ。

富澤：あーあったな。どこの馬の骨かわからない人たちの悩みに答えてたやつ。

伊達：言い方気をつけろよ！　編集部の人が事前に電話取材してんだから、どこの馬の骨かは把握してんだよ。

富澤：で？　その大人気を博した伝説の『俺等に聞くの!?』がどうかした？

伊達：あんま自分で言うなよ、恥ずかしいから。ありがたいことにアンケートでは上位にランクインするくらい人気はあったみたいだけど。で、その大人気を博した伝説の『俺等に聞くの⁉』がなんと書籍化されました！

富澤：恥ずかしげもなくお前も言ってんじゃねーかよ！　連載開始前は「育児誌で連載？　ドッキリなんじゃね？」って信じられなかったけど、それがこうして書籍化されるまでになって、本当にありがたいことだよな。

伊達：約4年も連載が続いたわけだけど、何か思い出に残っているエピソードとか、この話は聞いてほしい、みたいなのってなんかある？

富澤：んーそうだな。読んでもらいたいのは、俺がどうやって嫁を抱く流れに持ち込むか…

伊達：もっとほかにいい話あんだろ！

富澤：ほか？　ほかだと、アダルトグッズの話か、チ○ポに記念日の…。

伊達：なんで下ネタしか出てこねーんだよ！　浮気の定義の話だったり、イヤイヤ期の対処法だったり、真剣に読者の悩みと向き合っていい解決策を提案してたこととかあっただろ。

富澤：ちょっと何言ってるかわかんないです。

伊達：4年間の記憶どこ行ったんだよ！　まあ下ネタトークも確かにありましたけど、こんな考え方もあるのかと視野を広げる手助けになることもあるかもしれませんので、一度手にとっていただき、育児の参考にしていただければなと思います。

富澤：ちなみにこれって、18禁のコーナーに平積みされるんだっけ？

伊達：王道の育児本だわ！

もくじ

第2章 ママ・赤ちゃん・夫婦に関するご相談 ……69

本書は月刊『赤ちゃんとママ』誌に
2017年5月号〜2021年4月号まで連載していた
「パパの2人が笑いで解決!? サンドウィッチマンの 俺等に聞くの!?」を
もとに加筆・修正してまとめたものです。

第1章

パパに関するご相談

しつもん
01
パパにイライラしちゃいます
（T・Yさん／33歳／3ヵ月の男の子のママ）

伊達：どうも、サンドウィッチマン伊達です。

富澤：富澤です。

伊達：さあ、今月からわれわれサンドウィッチマンが、こちらの誌面にて連載をもつこととなりましたが、今どんな心境ですか？

富澤：編集部、血迷ったなと思ってますよ。

伊達：まったくの同意見だわ。なぜ、われわれに白羽の矢が立ったのか、不思議でしかたないですよ。

富澤：**育児についてのお悩み相談でしょ？　それなら俺等じゃなくて、ママタレに聞いたほうがいいだろ、尾木ママとか。**

伊達：あれはママタレじゃねーよ！　普通のおっさんだわ。でもなんかママ目線だけでなく、パパ目線からの意見も聞きたいってことで、この連載がスタートすることになったたんだってさ。
富澤：ちょっと何言ってるかわかんないですけど。
伊達：なんでだよ！　今ちゃんと説明したろ！
富澤：で、今回のお悩みはパパにイライラしちゃうママからのお便りということだけども。
伊達：そうそう。どうよ？　お前んちは嫁さんにイライラされたりするの。
富澤：**そりゃありますよ。嫁さんにはイライラされるし、俺はムラムラするし。**
伊達：どこで興奮してんだよ！
富澤：なんとなく空気は感じるよね、嫁さんがイライラしてるときって。でもそういうときは、こっちが何をしてもイライラするじゃん。
伊達：わかるわかる。よかれと思って手伝いしようとすれば「邪魔しないで！」って怒られて、かといって放置しておけば「なんで手伝わないの？」って怒られて。
富澤：たしかにな。
伊達：どのルートをたどっても、ゴールは怒りしか待ち受けていない理不尽極まりないすごろくみたいなね。**八方ふさがりじゃねーかって思うわ。**
富澤：こっちも極力、怒らせないよう振る舞うわけじゃん？　お前はどうしてんの？
伊達：そうだな、趣味に興じるときなんかは、カミさんと楽しもうと努力するね。あとは俺もカミさんも肩こりがひどかったりするから、いっしょにマッサージ行ったり。やっぱ時間を共有するってことが大事なんじゃないかな。富澤は？

富澤：俺は抱くよね。嫁をがむしゃらに。

伊達：急に何言ってんだよ！

富澤：週8で抱くね。

伊達：赤裸々だな！　お前の性事情とか興味ねーよ！

富澤：木曜は2回抱くね。花金前だからキ○タマが疼くんだよ。

伊達：キ○タマ事情とかもっと興味ねーわ！

富澤：抱いたらイライラも収まるって話を聞くだろ？　妻だって、たまには女として見てほしいという願望があるんだよ。だから俺は嫁を抱く。そう、そこに嫁がいるのだから。

伊達：登山家か！　そこに山があったからみたく言ってんじゃねーよ！

富澤：あとは嫁さんのほうから正解を提示してくれるとありがたいね。これして、あれしてを明確に示してくれれば、それに従うんで。

伊達：急にまともな意見だな。まあでも、それがいちばん無難な解決策かもしれないね。

富澤：もしそれでもダメなら、嫁を～？

伊達：なんだこのクソみたいなクイズ！

富澤：ではここで問題です。伊達みきおは週何回、嫁を抱いている？

伊達：えっと…って、誰が答えるか！

こたえ

01

俺は抱くよね、
嫁をがむしゃらに。

急に何言ってんだよ!!

しつもん

02

赤ちゃんの「パパ見知り」。ママはどうフォローしたらいい？

（S・Kさん／32歳／9ヵ月の女の子のママ）

伊達：どうも、サンドウィッチマン伊達です。

富澤：富澤です。

伊達：この連載、反響などはありましたか？

富澤：ひとつもないです。お前は？

伊達：俺も特にはなかったかな。

富澤：**あれ？　もしかして、人類って滅びた？**

伊達：滅びてねーよ！　俺等の耳に反響が届かなかっただけで、地球上のどっかしらには、

この連載の読者は存在してんだよ。

富澤：なるほど、絶滅危惧種みたいなもんか。

伊達：まあそれに近いものはあるかもな。

富澤：で、今回もそんな絶滅危惧種からのお悩みは届いてるの？

伊達：もちろん、届いてますよ。今回のお悩みは「パパ見知りをされたとき、ママにどんなフォローをされたいですか？」とのことですが。

富澤：パパ見知りというか、お前の娘は今、絶望的にお前にハマってないもんな。

伊達：事実だけども、もう少し言い方あったろ。

富澤：親子の愛の交換日記が、最終的には個人の日記になるという悲惨な結末を迎えたお話をしてくださいます？

伊達：「徹子の部屋」か！　結末を言ってから話させるもんじゃないよ！　まぁ事の経緯を説明すると仕事が忙しくてなかなかゆっくり話せないから、交換日記で少しでも親子の交流を深めようかと始めてみたんだけど、徐々に徐々に娘からの返事が少なくなってって。今や娘からの返事は１コもないんだよ。もはやオレ個人の日記になってるっていうね。

富澤：もうそれブログでいいよな。

伊達：ホントそう。全米とともに泣きたい気分だわ。ただね、これは俺等のような仕事をしている人間の特権でしょうけど、幼稚園に娘を迎えに行ったとき、まわりの園児たちが「サンドウィッチマンだ！」ってかけ寄って来るのよ。そしたら**ウチの娘が少し嫉妬してんだよね。**パパを他の子に取られちゃうかもって。

富澤：日記の返事を拒んでいたあの娘が？

伊達：そう、あの娘が。
富澤：それならつねに、よそのうちの子どもたちを家来みたいにひき連れて歩けばいいじゃん。
伊達：桃太郎か！　そこまでしないと娘の気持ちをつなぎとめられないとか悲しすぎるわ。
富澤：じゃあパパ見知りをされたときって、嫁さんにはどんなふうにフォローされたい？
伊達：俺は「やっぱりパパと似てるね」なんて言われるとうれしいかな。娘が俺と同じような荷物の持ち方をしてるんだけど、それを嫁さんに指摘されたりすると「やっぱり俺等、親子なんだな」って、思わずニヤけるよね。
富澤：ああ、それわかるわ。**カミさんが撮影した俺と息子の寝姿が、まったく同じ体勢だったときとか、なんかうれしくなるもん。**
伊達：八つ墓村みたいなポーズで寝てんだろ？
富澤：そんな体勢で寝てたら首へし折れるわ！
伊達：というわけで本日の結論。パパと子どもの共通点をさりげなく伝えてあげましょう。
富澤：そうすれば、日記を拒まれようと、手をつなぐことを拒まれようと、同じ空気を吸うことを拒まれようと、他人行儀に名前で呼ばれようと、心を保てるわけだな。
伊達：そこまで拒まれたら心折れるわ！

こたえ
02

「やっぱりパパと似てるね」なんて言われるとうれしいかな。

パパとの共通点を伝えてあげましょう

しつもん

03

パパが娘に甘すぎます

（Wさん／40歳／1歳、2歳の女の子のママ）

伊達：どうも、サンドウィッチマン伊達です。

富澤：きちんとあいさつすると思ったら大間違いだからな！　富澤です。

伊達：ツンデレか！　全然かわいくねーよ。

富澤：さあ本日のお悩みは？

伊達：今回は1歳と2歳の女の子をもつママさんから、イヤイヤ期についてのご相談です。

富澤：はいはい。

伊達：「最近、娘の「ママはイヤ」がすごくってパパにべったり。はじめは楽でいいやと思っていたのですが、パパはお世話が下手なので、どうしても最後は私がやる羽目に。そのくせパパは「俺じゃなきゃダメなのか」と、ニヤニヤして甘やかしてしまうので、**パパがいないときはかえって大変になるんです。**おふたりはこんなとき、どのように対応していましたか？　何かいい対処法があればお願いします」

富澤：まあ、子育てにおいての通過儀礼みたいなもんだからね。うちも次男のときにあったもん。

伊達：富澤家ではどんなふうに対応してたの？

富澤：相手してあげられないタイミングで「パパがいい」ってべったり来られるときなんかは、**逆にこっちが息子にベタベタして、しつこくするんだよ。**そしたらあっちが嫌気さして逃げて行くよね。これはかなり効果的だったよ。

伊達：それいいじゃん。上手にパパとママで分担できそうだし。

富澤：お前んちもイヤイヤ期はあっただろ？

伊達：あったね。うちはもうつねにママがいいってママっ子でさ。時折「パジャマ着たくない」とか「歯みがきしたくない」ってワガママを言い出すと、奥さんもキーッとなるわけよ。で、俺が娘側についていて「今日くらい、いいじゃん」って甘やかすんだけど、それでも娘は「ママがいい」を貫きとおすんだよな。**どれだけ甘やかしても俺のもとには来ないから。**そこがこのパパさんとの違いだな。

富澤：世知辛いよな。ちなみにそのイヤイヤは何年続いてるんだっけ？

伊達：**そんな状況が、もうかれこれ6年は続いてますよ。**

富澤：もうそれって、イヤイヤ期というより、シンプルにお前を拒絶してるだけだろ。

伊達：世間的には好感度1位とかいわれてるけど、実の娘からは好感度イマイチなんだよな。

富澤：好感度ゼロ理論だな。

伊達：やかましいわ。カロリーゼロ理論みたいに言うな。でもこのママさんの気持ちもわかるけどさ、パパの気持ちも理解してほしいな。結局パパという生き物は、娘が一番愛おしいわけ。だからどうしても甘やかしてしまいがちなんだよ。これはもう性だね。**パパの性。だって俺なんか、娘にだったら五臓六腑を差し出せる覚悟でパパやってるからな。**

富澤：でもまあ、そんな伊達からの申し立てを、**娘はイヤイヤと拒絶しますけどね。**

伊達：そこは拒絶するなよ！　にしても、どうしたらうちの娘のイヤイヤ期は終わりを告げるんだろうか…。

富澤：最終的にはお前の悩みになっちゃったな。

こたえ

03

パパの性だね。俺なんか、娘にだったら五臓六腑を差し出せる覚悟だからな。

娘はイヤイヤと拒絶しますけどね。

しつもん 04

夫の借金癖は直りますか？

（Oさん／40歳／1歳の女の子のママ）

伊達：どうも、サンドウィッチマン伊達です。

富澤：からの〜？

伊達：以上だわ！　ここからの上積みねーよ！

富澤：本日のお悩みはなんですか？

伊達：1歳の男の子をもつ、40歳のママさんからのお悩みです。「結婚生活10年。やっと子どもにも恵まれ、これからますます頑張ろうと思っていた矢先に、**夫に借金の告白をされました。買い物やパチンコで作った借金総額は300万円以上。**これまでは財布が別々だったため、告白されるまで気づきませんでした。現在は私が家計を管理することになったのですが、男性は束縛をいやがると聞きますし、いつまた悪癖が再発するかと気が気でありません。夫の借金癖は直るものなのでしょうか？」

富澤：これは俺たちに聞く質問じゃないですね。まずはカウンセラーの方に相談を。

伊達：そうだけど他力本願やめろよ。話が終わっちまうだろ。まあ今さら言っても遅いけど、こういうことは結婚前に確認しておくべきだったよな。

富澤：俺もうかつだったわ。まさかパチスロ派じゃなくて、パチンコ派だったとは……！

伊達：そこじゃねーよ！　借金の問題だろ。今回は頑張って貯めたふたりの貯金から全額返済したみたいだけど、旦那さんはこれに甘える恐れがあるから、**奥さんは「次、同じことしたら離婚よ」くらいに強く主張すべきだね。**

富澤：離婚届に自分の名前を**あらかじめ血文字で書いておく**くらいの脅しがあってもいいかもな。

伊達：離婚届の前に血文字がおっかねーわ！　とりあえずカードは今すぐ没収してください。

富澤：ポイントカードも？

伊達：それは大事に持たせとけ。それからなかなか難しいとは思うけど、旦那さんにパチンコから足を洗わせましょう。

富澤：もちろん、パチスロもダメですからね？　絶対にですよ？　絶対にですからね？

伊達：パチスロ派へ誘導しようとするな。

富澤：ただまじめな話として、お子さんはまだ1歳でしょ。これからどんどん子育てにもお金がかかるだろうから、今の段階で財布のひもは締めておくべきだと思いますよ。きちんと足を洗ってほしいね。

伊達：そうだな。子どもの将来について考えてほしいね。**お金がすべてとは言わないけど、お金があることで、選択肢もふえるだろうから。**

富澤：それでももし旦那さんの借金癖が直らないようであれば、福本伸行先生の『賭博黙示録カイジ』を読ませてみてください。借金をするとこんな悲惨な運命が待ち受けてますよ…という教訓になると思うんで。

伊達：でもあの漫画って、最後はカイジが逆転勝利をモノにするから、よけいギャンブルにのめりこむ可能性もあるんじゃない？

富澤：悲惨な場面を見てギャンブルから足を洗うかもしれないし、勝利の場面を見て、ギャンブラーとしてさらなるステージへと駆け上がるかもしれない…そこはもう一か八かの賭けですよ。

伊達：**お前がいちばんのギャンブラー気質だな。**

こたえ 04

「次、同じこと したら離婚よ」 くらい強く 主張すべきだね。

離婚届の名前は血文字でね！

しつもん

05

パパの「指示待ち」、どうしてですか？

（Kさん／30歳／3ヵ月の女の子のママ）

伊達：どうも、サンドウィッチマン伊達です。

富澤：貧富の富に、難しいほうの澤で富澤です。

伊達：電話越しのやりとりか！　めんどくせーな。

富澤：さあ今日はどんな悩みが届いてますか？

伊達：今回は「パパの育児」に関するお悩みが多数届いておりまして、そのなかでも多かった2つを紹介したいと思います。まず最初は「育児の際、パパはなんでママからの指示待ちなんですか？」

富澤：**それに関しては父親側の言い分もちゃんとありますからね。**母親には母親の、育児に関するルーティンがあるじゃないですか？　イチローが毎朝、同じカレーを同じ量だけ食べるルーティンのように。

伊達：人それぞれの流れってもんがあるからね。

富澤：それを俺等は理解できていないので、うかつに手出しできない状況なんですよ。
伊達：そうそう。勝手にやって「違う！」って、逆に怒られたりすることあるもんな。
富澤：それならばいっそ、奥さんのほうから「あれやって」「これやって」と指示されたほうが、お互いにイヤな気持ちにならないと思うんだよ。
伊達：わかる！　よかれと思ってやったことが、かえって迷惑になることとかあるもんな。俺も前に洗濯物をたたんだら「たたみ方が違う」って、またたたみ直されたことあるもん。結局、二度手間になったりするんだよな。
富澤：そうそう。旦那はただ流れがわからないだけ。**バイト初日のフリーターが相手だと思って、**やさしく指示を出してあげてください。
伊達：その指示出しに対してのお悩みも届いてまして「俺も疲れてるんだよ、と言われケンカになることがあります。どのように切り出せば険悪にならないでしょう？」とのことですが。
富澤：実際、仕事から疲れて帰ってきたときに、子どもの世話となるとなかなかね…。
伊達：気持ちとしてはやりたいんだけど、帰宅と同時に体力の限界を迎えて動けないときあるからな。
富澤：ピクリとも動かなくなるもんな。
伊達：40も超えれば、からだにガタもきますし、まるで大きなのっぽの古時計状態ですよ。

　でも、やるときはやりますからね。

富澤：まずカミさんは旦那の疲れを察したうえで、いったん一服させてあげてください。で、いったん寝かせてあげてください。**そうすれば旦那は、地下労働者のごとくがむしゃらに働くんで。**

伊達：カイジか！　その主従関係、明らかにおかしいだろ。

富澤：とにかくちゃんと伝えることが大事。お互いに待ってちゃダメってこと。

伊達：それは言えてるな。パパは「何をすればいいか」、ママは「何をしてほしいか」を明確にしましょう。

富澤：**もし話し合っても折り合いがつかない場合は、嫁を抱けばいい。**

伊達：久しぶりに出たな、その極論！

富澤：このルーティンすっかり忘れてた。

伊達：いいわ、そんなルーティン！　やめちまえ！

こたえ
05

話し合って折り合いがつかなければ嫁を抱けばいい。

久しぶりだな、その極論!!

しつもん

06

夢をあきらめない夫、どうしたらいい？

（Sさん／40歳／9ヵ月の女の子のママ）

伊達：どうも、サンドウィッチマン伊達です。

富澤：**富澤じゃないと言ったらウソになります。**

伊達：相変わらず、まわりくどい自己紹介だな。

富澤：さあ本日のお悩みはなんでしょう？

伊達：今回は9ヵ月の女の子をもつ、40歳のママからのお便りです。

富澤：はい、どうぞ。

伊達：夫は同い年で、学生時代から役者希望。今でも「スポットライトを浴びてやる！」と夢を見ています。そのため、休みが取りやすい仕事を選んでいるので収入は少ないです。私がフルタイムで働いているので生活はなんとかできていますが、2人目も欲しいし、私もいい年なのでいつまで元気で働けるかわかりません。今後、夫の夢について、どう考えていいか悩んでます…とのことなんですが。

富澤：売れてない芸人の嫁もこんな気持ちなんだろうな。あれ？　もしかしてこれ、**うちの後輩芸人の嫁なんじゃない？**

伊達：**だとしたら直接聞けよ！**　答えてやるから。

富澤：まあ10年くらい前の俺たちも、こんな感じだったからね。

伊達：夢追い人というのは得てしてそういうものですよ。でも俺なんかの場合は、責任取れないうちは結婚しないというスタンスだったから、おつきあいしてた人とも別れたけどね。

富澤：まあそれが賢明な判断だろうな。ただこういう場合、夫婦がどういう取り決めで結婚生活をスタートしたかが大事じゃない？

伊達：そうそう。そこなんだよ。最初から旦那の考えを理解したうえで結婚してたとしたら、「今さらそれ言うの？　話が違うだろ！」ってことにもなりうるだろうし。

富澤：でも嫁さんからすれば**「40になってまだ夢追うと思ってなかったわ！」**って気持ちもあるだろうしね。これは戦争ですよ。

伊達：だからこそ結婚前の平和条約が大事になってくるんだよな。

富澤：ちなみに旦那さんは今の状況でも2人目が欲しいと思ってるの？

伊達：それが2人目を欲しいのは奥さんだけで、旦那さんは思ってないらしいんだよ。

富澤：じゃあそもそもそこから話し合わないとダメじゃん。**旦那さんが夢をあきらめるか、**

それとも奥さんが2人目をあきらめるか。もしくは奥さんが俳優を目指すのか。

伊達：なんでだよ！　**よけいややこしいわ！**

富澤：あとは強硬策で2人目を作って、子ども2人を子役として売り出しスターにするとかね。で、子どもが売れたら旦那さんはバーターとして使ってもらえばいいじゃん。

伊達：子どものバーターかよ！　っていうかそこまでたどり着くのに何年かかんだよ！

富澤：だったらもう「ザ・ノンフィクション」に出演したらいいよ。その道筋がいちばん現実的なんじゃない？

伊達：あ〜確かにそれは言えてるかも。奥さん、出演が決まりましたらご連絡ください。

こたえ 06

旦那が夢を、奥さんが2人目をあきらめるのか、もしくは奥さんが俳優を目指すのか。

なんでだよ！　ややこしいわ！

しつもん

07

パパの性欲に困っています

（K・Cさん／33歳／4ヵ月の男の子のママ）

伊達：どうも、サンドウィッチマン伊達です。
富澤：富澤です。
伊達：どう？ そろそろこの連載にも慣れてきたんじゃない？
富澤：まあそうだね。最初は俺等に務まるのかな？ なんて不安もあったけど、始まってみたら**ただのエロ本と大差なくて安心したわ。**
伊達：やめとけ！ れっきとした育児雑誌だぞ！
富澤：さあ、本日のお悩みはなんですか？
伊達：本日は「夫の性欲が強すぎて困っている」ママからのお悩みです。
富澤：やっぱエロ本じゃねーか！
伊達：違うわ！ 真剣な夫婦間の悩みなんだよ。
富澤：性欲が強いくらい、別によくない？

伊達：奥さんは性欲がまったくなくて、旦那さんとのセックスを断り続けてるんだって。旦那さんが傷つかないように断る、適切な対処法を知りたいそうで。

富澤：なるほどね。

伊達：ちなみにお前は、断られたら傷つくの？

富澤：傷つくというより、やり場のないこのムラムラをどうすんの？　って感じだよね。このいきり勃った東京タワー…いやスカイツリーをどうしてくれるんだよ！　って。

伊達：大きく見積もってんじゃねーよ！　でもえらいよな、旦那さん。普通そこまで抑圧されたら、風俗とか行っちゃいそうだけど。

富澤：それだけ妻が魅力的ってことなんでしょ。だから奥さんも誇りに思ってほしいけどね。もし俺がそんなふうに断られ続けたら、熟睡してる嫁さんの横で真っ裸になって、腕を組みながら月明かりに照らされ、いきり勃ったムサシを主張しながら仁王立ちしておくもん。

伊達：それなにアピールだよ、ただの変態じゃねーか！

富澤：でも生理的な部分っておさえられないじゃん？　やっぱここは奥さんに頑張ってもらうしかないと思うんだよな。

伊達：頑張るって具体的にどうすんの？

富澤：奥さん側の性欲を強くするんだよ。

伊達：何か具体案とかあるの？

富澤：たとえばアダルトグッズを使って、奥さんの性の快感を呼び戻させるとかね。「失敗しないアダルトグッズ選び特集」をこの雑誌で組むんだよ。

伊達：**掲載できるか！　育児雑誌だぞ！**

富澤：オススメサイトのＵＲＬを掲載も無理？

伊達：無理だな。

富澤：読者プレゼントも？

伊達：無理だっての！

富澤：**エロ本なんだからもっと頑張れよ!!**

伊達：だからエロ本じゃないって言ってるだろ！

富澤：わかったわかった！　ならこれはどう？　夫婦間のマンネリを打破する。

伊達：なんか急にまともっぽい意見じゃん。

富澤：だろ？　普段とは違うことを夫婦の生活に取り入れるんだよ。

伊達：それいいじゃん。寝室の雰囲気をムーディーに変えてみるとかな。

富澤：で、寝室に村西とおる監督を招いてさ。

伊達：それ撮影おっ始まるやつだろ！

こたえ

07

村西とおる監督を派遣します。

ナイスですね！

しつもん

08

夫の無駄づかいをやめさせたい

（Mさん／36歳／1歳の女の子のママ）

伊達：どうも、サンドウィッチマン伊達です。

富澤：**好きな決まり手は三所攻めの者です。**

伊達：**聞いてねーわ！　まず名乗れよ！**

富澤：さあ本日のお悩みはなんですか？

伊達：1歳になる女の子のママさんから届いた、旦那さんのお金の使い方に関する相談です。

富澤：はいはいはい。

伊達：夫は鍼灸師で給料は手取り40万。マンションのローンがあり、会社員ではないので退職金もないから、老後のために貯金をしたいと考えています。

富澤：手取り40万なら高給取りですよ。ちなみに伊達さんの先月の手取りは何億ですか？

伊達：**海外のトップアスリートか！**　そんなもらえるわけねーだろ！　で、詳細ですが、旦那のお小づかいは月5万円。タバコやランチ、飲み代などはそこから捻出されます。

衣類などは要相談。

富澤：まあ今のところ、特に問題らしい問題は見受けられないけどね。

伊達：「夫は外食や外出が好きで、よく家族で出かけたがるのですが、それは自分の小づかいではなく生活費から。『貯金のために使わない、出かけない』という選択肢がないんです。**夫の浪費のために私が働くのも納得がいかないのですが**、ここはもうこんな人と結婚してしまったと開き直り、働くしかないのでしょうか？」

富澤：なんだろう。今の話を聞いていて、いろいろと気になる部分が見受けられたんだけど。

伊達：うん、俺も。

富澤：まず外食や外出って、家族のために使ってるお金じゃん？　それを無駄づかいとは言わなくない？　昭和の大スターみたいに、一晩で数百万使うわけでもあるまいし。

伊達：そうそう。家族とともに過ごす時間にお金を落としたくないっていうケチな旦那より、断然素敵だと思うけどね。

富澤：それともほかで何か無駄づかいしてるの？

伊達：奥さんが言うには、子どものおもちゃ、妻への台所グッズなんかを相談せずに購入してくるのも不満なんだって。

富澤：ん～そんなに悪いことか？　むしろやさしい旦那だろ。ていうか、奥さんの貯金したいっていう思いが伝わっていないんじゃないの？　旦那さんはランチ代をお小づかいから捻出してるんでしょ？　たとえばお弁当を作るとかして「節約したい」っていうアピールをしたらどう？　そのへんから節約に対する旦那の意識改革をするべきじゃないかな。

伊達：旦那さんが台所グッズを買ってくるのって、実は「お前の手作り弁当が食べたいな…」という、遠まわしなメッセージだったりするかもしれないな。

富澤：**あと、〝こんな人〟って言い方は良くないね。**旦那さんは旦那さんなりに、家族のことを思ったお金の使い方をしてるだけだろうから、そんな否定ばかりしてたらダメだよ。

伊達：**きっとふたりとも間違いではないと思うんだよ。**ただちょっと**金銭感覚のズレが生じているだけの話で。まずはそのお互いのズレを正すことが必要不可欠だと思うんで、**もう一度きちんと話し合う場を設けましょう。

富澤：もし話し合いが平行線なら、最終的な決断は娘さんに委ねてみるのも良いかもね。

伊達：いや、1歳児に託すな！　荷が重いわ！

こたえ

08

「無駄づかい」の感覚がズレてるかも。ズレを正すことが必要不可欠じゃない？

あと「こんな人」って言い方はやめましょう！

しつもん

09

病院嫌いに悩んでいます

（Yさん／30歳／1歳2ヵ月と1ヵ月の男の子のママ）

伊達：どうも、サンドウィッチマン伊達です。

富澤：**週7で富澤です。**

伊達：**だろうな。じゃなかったら逆に驚くわ。**

富澤：本日のお悩みはなんですか？

伊達：1歳2ヵ月と1ヵ月になる男の子のママさんからのご相談です。

富澤：はいはい。

伊達：「35歳になるパパの病院嫌いに悩んでいます。毎日のようにお酒を飲み、タバコも1日1箱消費。運動も特にしていないので、健康関係のテレビを見るたびに心配になってしまいます。そんなパパに『健康診断だけでもして？』とお願いするのですが、何かしら理由をつけられて断られます。**どうすれば病院へ行ってもらえるでしょうか？**」

富澤：病院嫌いな人って多いよな。うちの女性マネージャーも病院行かないだろ。

伊達：そうそう。実家が開業医なのにな。そのくせ口を開けば「調子悪いわ〜」って言うね。

富澤：年重ねると主張したくなるんだよ、自身の不調を。でもそういう人種の人間って言いたいだけで、実際そこまで体調悪くなかったりするんだよ。

伊達：確かに。これだけ行きたがらないってことは、今はまだ平気ですよっていう旦那さんなりのサインなんじゃゃないかな。

富澤：ひとまず血圧計でも買ってみて、手軽にできる自宅健診からスタートしてみたら？

伊達：それくらいなら受け入れてくれるだろうしね。あとは奥さん自身が「なんか最近調子悪いみたい…でもあなたが行かないなら私も行かない」と脅してみるとか。奥さんのこと溺愛しているみたいだから、これなら言うこと聞きそうじゃん。

富澤：もしくは「**年賀状に家族のレントゲン写真を使いたいから、みんなで撮影しに行こうよ**」と切り出してみるとかね。

伊達：だいぶシュールな年賀状だな。

富澤：写真とともに診断結果の一文を添えて「今年は特に健康上問題がありませんでした」。

伊達：レントゲン不要だな。文章だけでいいわ。

富澤：「今年は少し影らしきものが…今後経過を見ていきたいと思います」

伊達：新年早々、ブルーな気持ちになんだろ！

富澤：「すいません、今年は訳あって2年前のレントゲン写真を使用させていただきます」

伊達：**こえーわ！　絶対なんかあったろ⁉**

富澤：そして次の年からは…

伊達：突如としてバッドエンドの物語をつくり出すな！

富澤：まあそんなふうにバッドエンドを迎えないためにも定期的に病院へ行くべきだよ。最低でも1年に1回は。

伊達：パパを見て子どもまで病院嫌いになったりしたら問題だしね。家族のことを想うなら、健康でい続ける努力を怠らないでください。

こたえ
09

「年賀状に家族のレントゲン写真を使うから」って切り出してみるとか。

送られる側はおっかねーよ！

しつもん

10

育児の大変さを理解してくれません

（Tさん／40歳／1歳3ヵ月の女の子のママ）

伊達：どうも、サンドウィッチマン伊達です。

富澤：**またの名はみきおです。**

伊達：**フルネームだわ！　別名みたく言うな。**

富澤：さて本日のお悩みは？

伊達：1歳3ヵ月になる女の子のママさんからのお悩みです。「からだの不調を理解してくれない夫に悩んでいます。**つわりのときには『妊娠は病気じゃないでしょ』と言われ、**私が高熱を出してもあたりまえのように仕事に行くし、どれだけ体調が悪くても家事は必ず私の仕事で手伝ってくれません。『いつもありがとう』『大変だね』というようなねぎらいの言葉でもあれば、少しは気持ちも楽になるのですが、そのような言葉もいっさいありません。どうすれば私の大変さを夫に理解してもらえるでしょうか？それとも私の考えがおかしいのでしょうか？」

富澤：旦那さんのこの言い方はよくないよな。でも奥さんの熱くらいなら仕事は行くだろ？
伊達：行くよ、「休めなくてごめんね」って。子どもの世話をまかせて申し訳ないとは思うけど…。
富澤：だよな。**もしビンのふたが開かないとか言うならさすがに俺も仕事休むだろうけど。**
伊達：**ガゼン行けよ！** そんなことで休んでたらキリないわ。
富澤：ただこの話を聞いてて思ったんだけど、奥さんも育児疲れで、神経が過敏になってるところはあるんじゃない？
伊達：たしかに。子どもがこれくらいの年齢だと、育児でピリピリしてしまいがちだからね。特に1人目だとわからないことも多々あってストレスもたまるだろうし。うちもよくあったよ、ちょっとしたことでもめたりすること。
富澤：よく裁判してたもんな。
伊達：**アメリカか！** そこまで大事になってねーわ！
富澤：あと、奥さんも知らず知らずのうちに、旦那さんに対してあたりがキツくなってることもあるかもよ？
伊達：その可能性はあるかもな。
富澤：奥さんも育児で大変だとは思うよ。**でも奥さんは旦那さんに「いつもありがとう」とか「仕事お疲れさま」の言葉をかけていますか？**

伊達：それ大事だよな。奥さんのほうがホルモンバランスの関係とかで不安定だったりして大変なのはたしかだけど、旦那さんも人間なんだしさ。

富澤：だからここはいったん冷静になって、「パパありがとう週間」をつくってみたらどう？「いつもありがとう」「お疲れさま」と言葉にするんだよ。そういうひと言があれば、旦那さんだってふとした瞬間に「ありがとう」と返してくれると思うんだよね。

伊達：男はそういうひと言が励みになったりする単純な生き物だからな。もし言葉にするのが恥ずかしいなら、手紙でもいいと思うし。

富澤：テーブルの上にそっと手紙を置いといて。**その手紙には「右上を見ろ！」って書かれてて。**で、右上を見たらそこに「ありがとう」って張り紙がしてあんだよ。

伊達：二度手間だな！　最初の置き手紙に感謝の気持ちを書いとけよ。

富澤：もしくは**血痕で「ありがとう」のダイイングメッセージを残しておくとかさ。**

伊達：事件じゃねーか！　おっかねーわ。

こたえ 10

血痕で「ありがとう」のメッセージを残すとか。

事件じゃねーか!

しつもん 11

理詰めすぎる夫、どうしたらいいでしょうか？

（Cさん／30歳／8ヵ月の男の子のママ）

伊達：どうも、サンドウィッチマン伊達です。

富澤：その一味です。

伊達：悪党みたく言うな！

富澤：さて、本日のお悩みはなんですか？

伊達：8ヵ月になる男の子のママさんからのお悩みです。「夫は理系の大学教員で、**私のやることに対してなんでもすぐに理詰めで追及してきます**。子育てに関しても方針でいずれ対立してしまうのでは？　と不安でしかたありません。どのように対応するのが最善でしょうか？」

富澤：まあ現状を少しきゅうくつに感じるかもしれないけど、**育児に対して無関心で適当な旦那さんよりは断然マシ**だと思うけどな。

伊達：それは言えてる。でも旦那さんが心配する気持ちもわからないではないんだよ。俺も昔は調べ魔でさ、いろんな育児情報を調べては不安になってたもん。でもカミさんは「大丈夫だから」の一点張り。あのころは「何が大丈夫なんだよ⁉」って半信半疑になってたな。

富澤：でもえらいもんで、**嫁さんの言う大丈夫って、本当に大丈夫なんだよな。**

伊達：そうそう。母親の経験則からなる感覚みたいなもんがあるんでしょ。だからいつしか俺も、カミさんの大丈夫を信じるようになってたもん。だからこんな返しはどう？　もし旦那さんから「根拠は？」とたずねられたら、「子育てのベテランである先輩ママ友たちに聞いた」と答えて、実績ある人の言葉を盾にするみたいな。

富澤：いや、理詰めで攻める人間は、そんな経験則とか感覚なんてモノは信用しませんよ。きちんとデータや根拠を示していただかないと。

伊達：いちいちめんどくせーわ！　でもたしかに富澤もバリバリの理詰めタイプの人間だから、この発言には無駄に説得力あるんだよな。だったら、そんな理詰め人間から見て、どんなふうに対応するのがベストだと思う？

富澤：**奥さんも理詰めで返すんだよ。**「朝ごはんの卵はどうする？　目玉焼き？　スクランブルエッグ？　ゆで卵？　え？　目玉焼きがいい？　わかった。**で、その根拠は？**目玉焼きにはなにかける？　ソース？　しょうゆ？　マヨネーズ？　しょうゆね。**で、その根拠は？**」

伊達：朝っぱらからめんどくせーな！

富澤：まあ理詰め人間とまともにやり合ったところでラチが明かないし、あきらめも肝心なんじゃない。逆に割り切って、いざというときの選択肢は旦那さんに委ねてみるというのもありな気はするけど。それでもしダメだった場合には、「**あなたの言うとおりにしたのに失敗したんだけど？**」と根拠を突きつけて、怒濤の追いこみをかけるとか。闇金の取り立てのごとく。

伊達：やりすぎだろ！　鬼の首でも取ったかのごとく責め立てんなよ。

富澤：というか、そもそもで我々はなぜこの質問に答えなければならないのか…奥さん、その根拠はありますかね？

伊達：そういうコーナーだからだよ！　理詰めうっとうしっ！

11《こたえ》

奥さんも理詰めで返すんだよ。「朝ごはんの卵は目玉焼き？で、その根拠は？」

朝っぱらからめんどくせーな！

しつもん

12

旦那が求めてくれません

（Mさん／40歳／7歳と8ヵ月の女の子のママ）

伊達：どうも、サンドウィッチマン伊達です。

富澤：今日も今日とて、富澤です。さあ、今日も今日とて、お悩みが届いてるんだろ？

伊達：何それ、ハマってんの？

富澤：今日も今日とて、解決しようじゃないか。

伊達：………。はい、**本日はセックスレスに悩む奥さんの方からです。**

富澤：なるほど。これはもう大人のおもちゃをプレゼントしましょう。これで今日も今日とて、スッキリ解決。

伊達：雑だな！　今終わったら、文字数足らなくて、このページだけスッカスカだぞ？

富澤：いいんじゃない？　余白はメモ帳がわりに使ってもらえば。

伊達：ただの職務放棄じゃねーか！　ちゃんとお悩みと向き合えよ！　あと、「今日も今日とて」は金輪際禁止な。

富澤：ちなみにどの程度のセックスレスなの？
伊達：えっとね、8年間で2回ですって。
富澤：4年に一度か。でも**ワールドカップやオリンピックもそんなもん**だからなぁ。
伊達：どこと比較してんだよ！　まあ回数は少ないけど、旦那さんに浮気の気配はないと。
富澤：なるほど、**風俗は浮気じゃないってカウントするタイプの奥さんね。**
伊達：いつ風俗行ってること確定したんだよ！　適当なことばっか言ってると訴えられるぞ？
富澤：冤罪って恐ろしいな。
伊達：証拠バッチリ残ってんだろ！　この状況で冤罪と言いきった、お前がいちばん恐ろしいわ。
富澤：まあとにかく、解決するためには行動に移すことが大事だよね。食卓にエロを連想させるような、ソーセージやアワビをふんだんに使った料理を並べて、部屋の各所には、こけしを設置してみたりだとか。
伊達：秘宝館か！　今どき、中学生でも興奮しねーぞ、その程度のトラップじゃ。
富澤：もしくは「私は女として見られてないのかしら？」的な思いのたけを綴った日記を、旦那の目の届くところに置いてみたりね。
伊達：それを読ませて、旦那に気づかせると？
富澤：そうそう。俺の知らないところで、嫁は悩んでいたのか…**そうだ、女房を抱こう！**

伊達：「京都に行こう！」のノリで言ってんじゃねーよ！ そもそも、女性って子どもができると女からママに変わるっていうじゃん。そうなると旦那さんも女として見るのが難しくなるんじゃない？

富澤：まあ奥さんにしたらつらい話だけどな。

伊達：セックスレスはよくある話だから、たとえば奥さんも外で働いてみたりして、そのことばかりを考えないようにしてみるとかどうだろう？ 忙しくすることで悩まなくなるし、人に見られることでキレイにもなるし、お給料だってもらえるしで一石三鳥じゃん!!

富澤：じゃあ、いっそのこと、**産後に水着でグラビア撮影に挑戦したらいいんじゃない？**

伊達：どっかで聞いた話だな。まあ相談者さんも、適度に女を意識しつつ、自分の生活を楽しんでください。

こたえ 12

産後に京都でソーセージやアワビのグラビアを撮影してみましょう。

詰め込み過ぎて訳わかんねーよ！

しつもん

13

夫がモノを捨てません

（Mさん／35歳／11歳の男の子、1歳の女の子のママ）

伊達：どうも、サンドウィッチマン伊達です。

富澤：今月のキーワードは「かさぶた」です。

伊達：なにがだよ！　勝手に謎の企画始めんな！

富澤：本日のお悩みはなんですか？

伊達：11歳の男の子と1歳の女の子をもつ、35歳のママさんからのお悩みです。「夫の趣味に悩まされています。わが家はただでさえ狭いのに、夫が趣味のプラモやフィギュアを買いあさるので、場所を奪われてしまうんです。将来的に子どもたちにそれぞれの部屋を与えてあげたいのですが、今のままだとそれも難しそうで…**夫の趣味のために子どもにガマンをさせるのか、それとも夫にガマンをさせるべきなのか、**どうしたらいいでしょうか？」

富澤：俺も収集癖があるから、旦那さんの気持ちはわからなくもないよ。子どものころに買えなかった反動で、大人買いしちゃうんだよな。

伊達：そういう人多いらしいな。逆に俺はそういう感覚ないからイマイチ理解できないけど。

富澤：**そんなにも、めがねを集めてるのに?**

伊達：コレクションしてるわけじゃねーよ！　死活問題になるんだわ、めがねがないと。ていうかコレクターって、ちゃんと自分が所有してるものを把握してる？　なくなったら気づくの？

富澤：正直ゴミ屋敷の住人と同じで、奥のほうにしまっちゃってるものだと気づかなかったりするよね。だから奥さんは**こっそり、メルカリで売っちゃう**のもひとつの手じゃないかな。

伊達：それバレたときヤバいんじゃないの？

富澤：そのときはまた**同じものをメルカリで買い戻せばいいじゃん。**

伊達：**ただの二度手間じゃねーか！**　それだと根本的な解決にもなってないだろ。

富澤：だったらもう奥さんにも趣味を理解してもらおう。仮面ライダーやガンダムの魅力をあますところなく伝えて、**奥さんにもこちらの世界に足を踏み入れてもらう的な。**

伊達：俺も昔、カミさんにVシネのよさを伝えようと見せてたことがあるんだけど、興味を示されるどころか、あきれ顔で「え？　ヤ○ザになりたいの？」って、聞かれて終わったわ。

富澤：それはお前のプレゼンが下手なんだよ。じゃあ俺が今から、相談者さんの旦那さんのかわりにガンダムのプレゼンするから聞いてて。スレッガー中尉が捨て身の覚悟でビグ・ザムに特攻して戦死するんだよ。その姿を見てアムロは激昂。ビグ・ザムの…

伊達：ごめんごめん。白熱してるとこ悪いけどもう字数の余りがないんだわ。

富澤：マジか。じゃあ、続きは付録の朗読ＣＤでお楽しみください。

伊達：そんなもんつけるか！

富澤：まあ話をまとめると、「なんでもっと集めないの！」って叱るくらいのガンダムファンに奥さんを成長させましょうって話で。

伊達：そんなことになったら、今以上に部屋狭くなっちゃうだろ⁉

富澤：そのときはそのときで、**子どもたちからの相談をお待ちしていますよ。**

伊達：お悩みの無限ループじゃねーか！

こたえ 13

こっそり
売っちゃってバレたら
買い戻せば？

ただの二度手間じゃねーか！

しつもん 14

環境問題に無関心な夫を何とかしたい！

（Wさん／40歳／3歳の男の子、1歳の女の子のママ）

伊達：どうも、サンドウィッチマン伊達です。

富澤：諸説ありますが富澤です。

伊達：ねーだろ！　あんなら逆に知りたいわ！

富澤：本日のお悩みはなんですか？

伊達：3歳の男の子と1歳の女の子をもつ、40歳のママさんからのお悩みです。「**夫があまりにも環境問題に無関心で頭にきています。**燃えるゴミ、燃えないゴミなどの分別をいっさいしてくれません。夫には何度も注意をしているのですが『細けーな！』と逆ギレされる始末。子どもがそんな姿を見てマネしたら困りますし、どうしたらいいでしょうか？」

富澤：旦那さんはいくつなの？

伊達：奥さんと同い年の40だって。

富澤：40のいい大人が何やってんだよ。ていうかまずひとつ確認したいんだけど、**奥さんはこんなゴミのどこがよかったの？**

伊達：さらっとゴミとか言うな！　俺もわかんないけど、もしかするとゴミの分別以外に関しては完璧な旦那さんなのかもよ。

富澤：だとしたら、ゴミの分別に対して何かしらのトラウマを抱えているとかじゃないとつじつまが合わないだろ。とりあえずもうこの旦那は死刑にしましょう。

伊達：罰が重すぎるわ！　その前にもっと軽めの打開策を提案しろよ。あ、こういうのはどう？　ゴミの分別に関してゆるい地区に引っ越すとか。プラスチックでも燃やせるゴミで出せるところがあるらしいよ。

富澤：それだと根本的な解決策にはならないでしょ。こういう人間にはちゃんとわからせてやらないとダメなんだよ。たとえば、旦那の部屋に分別しないゴミを放りこみまくって、どんな気分になるかを体験させるとか。

伊達：「目には目を歯には歯を」的なことだな。

富澤：もしくはいっそのこと**ゴミ旦那なんだから、ゴミはゴミらしく、ゴミの集積場にでも住まわせとけ**ばいいんじゃない。

伊達：**ゴミゴミ連呼すんな！**　この旦那さんにだって何かしらいいところはあるはずだから。

富澤：たしかにな。俺等は現状で奥さん側からの悪い意見を聞かされてるだけで、情報操作をされているのかもしれない。旦那側から話を聞いてみたら「**あいつゴミの分別だけはしてますけど、それ以外は何もしないんですよ！**」と言い出す可能性もゼロではないもんな。

伊達： となると、旦那さん側からの奥さんに対する不満も聞かないことには問題解決にはつながらないってことになるよな。

富澤： そうなんだよ。今さら言うのもアレだけど、この企画はそもそもでフェアじゃないわ。一方からの意見しか聞けてないわけだからさ。

伊達： それはそうだけども。じゃあこの連載、今後どうしていけばいいんだよ？

富澤： 今後はすべてのお悩み解決策を「あなたの行動にも非はありませんでしたか？　日々の生活を思い返してみてください」という定型文で統一していきたいと思います。

伊達： **誰も投稿してくれなくなるわ！**

こたえ 14

ゴミ旦那なんだから
ゴミはゴミらしく
ゴミ集積場に
住まわせとけ。

ゴミゴミ連呼すんな！

おまけ質問

霊が見えるんですけど、どうしたらいいですか？

…見えてれば
いいんじゃないですか？

放っておいてください。

第2章

ママ・赤ちゃん・夫婦に関するご相談

しつもん
15
嫁に「仕事を辞めて」と言いたいけれど…
（Wさん／35歳／8ヵ月の男の子のパパ）

伊達：どうも、サンドウィッチマン伊達です。
富澤：バズリー富澤です。
伊達：イジリーさんみたく言ってんじゃないよ！　まぁ手前味噌にはなってしまいますが、この連載がSNSでバズりましたね（※2018年3月号）。投稿してくださった方が「おふたりに届くといいな」なんて書いてましたが、ちゃんと届いてますよ。
富澤：さあ今月もさっそく**バズりバズってバズらせてから慎重にバズっていきますか**。
伊達：バズるの意味、絶対理解してないだろ、お前。というわけで、本日は8ヵ月の男の子をもつ35歳パパからのお悩みです。
富澤：はい、どうぞ。
伊達：「妻は仕事が大好きで、産後7ヵ月で職場復帰。でも日々の生活に追われ、いつもイライラ。自分もくつろげないし、**子どものためにもよくないと思うので、仕事を辞め**

てほしいと思っています。どのように伝えるのがベストでしょうか?」

富澤：これさ、どの目線から語っても絶対に否定的な意見がくるよな。

伊達：確実に賛否はあるだろうね。だったらお前が仕事を辞めろとか。まあ旦那さんの気持ちもわからなくはないよ。俺も「外で頑張ってくるから、お前は家のことよろしく」的なスタンス。

富澤：お前は本当に、考え方が古風だもんな。

伊達：それは自覚してる。奥さんには基本、家にいて欲しいもん。ただ実際は、うちも奥さんが働きに出てるから、気分だけでも亭主関白であろうとしてますけど。

富澤：いいよお前のメンタルの話。うちのカミさんは専業主婦だけど、たまに「仕事したい」って言ってるね。

伊達：あ〜、家にこもってばかりいると、**自分だけ世界に取り残された感覚になる**っていうもんな。

富澤：そもそもの話なんだけど、**旦那さんは、奥さんの子育てや家事の大変さを理解したうえで、この発言をしてるのかな?**

伊達：どうなんだろ。

富澤：もし理解してないのであれば、一度体験したほうがいいよ。**俺も前にひとりで1日子守りや家事したことあるけど、めちゃくちゃ大変だったもん。**自然といつもありがとうって言葉が出るくらいに。

伊達：ママとしての苦労を体験してみると、気軽に「家にいて」なんて言えないだろうから、それはいい考えだと思うよ。

富澤：子どものためにも夫婦が同じ方向を向けるよう、お互いの気持ちをあらためて確認し合ったほうがいいよ。

伊達：奥さんは働きたくて、旦那さんは家にいてほしいわけだろ。**最悪の場合は折衷案で、自営業をやったらいいいんじゃない。**

富澤：そういう問題か!?

伊達：ラーメン店だとか、雑貨店とかやりゃいいんだよ。で、お互いが仕事や育児に追われて、やっぱりこれではダメだと気づいて、元の形に戻ると。

富澤：結果、何も変わってねーだろ！

伊達：もしくは俺みたいに、気分だけも亭主関白になるとかね。

富澤：まったく解決策になってねーわ！

こた完

15

俺なら家系ラーメンの店を開店しますね。

どこ掘り下げてんだよ!

しつもん
16
妻を抱かなくちゃダメですか？
（Mさん／35歳／3歳と1歳の女の子のパパ）

伊達：どうも、サンドウィッチマン伊達です。

富澤：SのTです。

伊達：なんでイニシャルトークなんだよ！

富澤：さて本日のお悩みは？

伊達：3歳と1歳の娘さんをもつ、35歳パパさんからのお悩みです。「**妻に性欲がわかなくなってしまいました。**お互い特に不満もなく、平穏で仲よしな家庭を築けていると思っています。ただ2年近くそういう関係にはなっていません。1人目を出産したあともかなりあいだがあいていて、妻が『そろそろ2人目を』ということであったくらいです。妻から何か言われたことはありませんが、**ドラマなどでそういう場面になると妙に気まずい空気が流れます。**このままの関係を続けていても問題はないでしょうか？アドバイスお願いします」

富澤：結婚して時がたつにつれて、奥さんというより、ママって認識が強くなるっていうもんな。**まあ俺は今でもガンガンに嫁抱くけど。**

伊達：お前はすぐ抱くな。ホント手が早いわ。

富澤：自称アイドルプロデューサーみたいに言うな！　嫁をどれだけ抱こうが自由だろ。

伊達：でもわかるよ。子どもができて、ママとしての一面を見てしまうと、どうしても「**あの子たちのママにあんな格好させられないな…**」って罪悪感が芽生えちゃうもん。

富澤：**どんな恥ずかしい格好させるつもりだよ？**　それ単にお前の性癖の問題だろ。

伊達：え？　だから、こう椅子に座らせてさ…。

富澤：詳細聞いてねーわ！　すごくシンプルな方法かもしれないけど、エロい動画を1週間見続けて、ムラムラしてもガマンしてみたら、意外と「オレいける！」ってなるんじゃない？　ただ夢精して終わるだけの可能性も秘めてるけど。

伊達：中学生ならいざ知らず、35歳、既婚者の夢精は悲しいな。

富澤：でもこれはちゃんと気づいたほうがいいと思うよ。**奥さんからのSOSに。**

伊達：え？　どういうこと？

富澤：ドラマのそういうシーンが流れてるのは偶然じゃなくて「そろそろ寂しいです」のサインかもしれませんよ。このSOSに気づかないようじゃ、**最終的には離婚ですよ。**

伊達：さすがに離婚という危機的状況だけは回避させてあげたいもんな。女性はセックスをしなくても、添い寝したり手をつなぐだけで満足するなんて話も聞くんで、定期的にハグをして、お互いの愛情確認してみるのはありかもしれないね。

富澤：いや、ここは抱こう。愚直に抱こう。『赤ちゃんとママ』にひと肌脱いでもらってさ。

伊達：「赤ママ」がどうやって夫婦のセックスに介入するんだよ？

富澤：読者に大人の玩具をプレゼントするんだよ。で、「**あれ？　こんなの当たっちゃった。しかたないから試しに一度使ってみるか…**」ってな具合にきっかけを提供するのさ。

伊達：その作戦ありかもな。編集長、聞こえてますか？　今こそ人々を救うときですよ。読者に座りごこちのいい椅子をプレゼントしましょ！

富澤：なんで椅子なんだよ！

伊達：だからさっきも言っただろ。嫁をあんな格好で椅子に座らせてだな…

富澤：椅子から欲情できる上級者はお前くらいだわ！

こたえ

16

妻からのサインを見逃さないように。老眼で見にくいでしょうけど。

老眼なんて話なかったろ！

しつもん
17
妻がスマホ依存症!?

（Iさん／33歳／1歳の女の子のパパ）

伊達：どうも、サンドウィッチマン伊達です。

富澤：人気ユーチューバー富澤です。

伊達：**おこがましいわ！**　俺が飯食ってる動画上げてるだけじゃねーか！

富澤：本日のお悩みはなんですか？

伊達：1歳の女の子をもつ、33歳パパさんからのお悩みです。「妻がずっとスマホをいじっているのが気になります。共働きで妻もフルタイムで働いているため、スマホをさわれるのは朝と帰宅後の限られた数時間のみ。とはいえ、**子どもはママが楽しそうにスマホを操作している姿を見てか、スマホに興味しんしん。**このままだと妻のように依存症になってしまうのでは？　と心配しています。妻にはもっと子どもとふれ合ってほしいと考えているのですが、おふたりはどう思いますか？」

富澤：正直、俺たちはガラケーだから（※現在はやっとスマホに）、この奥さんの感覚がイマイチわからないんだよな。

伊達：そうそう。ガラケーじゃ何も見れないからね。最近じゃウィキペディアすら「対応していません」って表示されるもん。

富澤：われわれは何も知る由がありませんよ。ちなみにお前んちの奥さんはどうなの？

伊達：けっこう見てるよ。

富澤：へぇ〜犬の肛門、けっこう見るタイプなんだ。

伊達：いつそんな話したんだよ！　スマホの話だっただろ！　カミさんも頻繁にスマホを覗いちゃう人だから、娘に「ママずっと見てる！」って指摘されてたりするよ。

富澤：あれ？　もしかしてこの相談者って伊達…

伊達：俺じゃねーよ！　なんで誌面越しでお前に相談すんだよ！　そういう富澤のカミさんはどうなの？

富澤：ウチの嫁は気持ちいい音の「ＡＳＭＲ」にハマってるらしくて、かわいい子の食事風景とかよく見てるよ。

伊達：あれ？　もしかしてそのかわいい子って、カツ丼食ってたりしない？

富澤：お前じゃねーよ！　誰が好き好んでおっさんの食事風景なんて眺めんだよ！

伊達：俺もそう思ったけど、物好きがいて、そこそこ再生回数伸びてんだよ！

富澤：でもあれだよな。**今はまだいいけど、これがエスカレートしていったら怖いよな。**

伊達：家事や育児に支障が出始めたらいよいよだよ。

富澤：そうそう。料理の時なんかにスマホ見ながら「この調味料はどれくらい入れたらいいのかしら」とか言い出したら大問題だもんな。

伊達：**それクックパッド見てるだけだろ！**　そうじゃなくて、家事や育児が疎かにならないように気を付けてくださいってことだよ。

富澤：ああ、そういうことね。

伊達：だからこそまだ大事になってない今でしょ、手を打つなら。

富澤：まずは夫婦で話をして、ルールを設けるところから始めましょう。

伊達：「食事の時間はスマホには触れず、今日1日あった出来事の会話をする」だったりだとか、「スマホの時間を1時間削って、子どもと遊んであげる時間に費やす」とかね。

富澤：ただ旦那さんも、「妻にはもっと子どもとふれ合ってほしいと考えています」なんて言ってるけど、そもそもご自身はしっかりとできてますか？

伊達：まさか**すべて奥さんまかせなんてことはないですよね？**　旦那さんもそのへんは気をつけていかないと。

富澤：でも改まってそういう会話を直接するのが気恥ずかしいというのであれば、最悪Ｚｏｏｍでリモート会議をしてもらって。

伊達：だからネット依存すんなって！　**断ち切れよ！**

こたえ 17

直接が気まずいなら最悪リモート会議で話し合ってもらって。

だから断ち切れよ！

しつもん
18
なんでいつまでも妻をかわいいと思えるのですか？

（Kさん／35歳／3歳の男の子・4ヵ月の女の子のパパ）

伊達：どうも、サンドウィッチマン伊達です。

富澤：アラン・ブセニッツです。

伊達：それ楽天の助っ人外国人じゃねーか！　2019年はセットアッパーとして活躍し、2020年は不調の森原に代わってストッパーを務めることになった背番号32の…

富澤：分かった、俺が悪かった！　本題に行こう。本日のお悩みはなんですか？

伊達：3歳の男の子と4ヵ月の女の子を持つ、35歳のパパさんからのお悩みです。『アメトーーク』の「奥さん大好き芸人」を見て驚愕しました。富澤さんはどうしてずっと奥さんを女性として好きでいられるのですか？　自分は妻のことを家族としては好きですが、女として見ることができません。性欲は普通ですが、1年以上セックスレスです。ただたまに人肌恋しくなることもあるので、**できれば以前のように妻にドキドキしたいと思っています。**今後、そういった気持ちを持てるようになるでしょうか？

「何かコツなどあれば教えてください」

富澤：別に俺も毎日ドキドキはしてないよ。

伊達：でも今でもかわいいとトキメクことがあるんだろ？

富澤：そりゃ好きな女だからな。ふと思うときがあるんだよ、「**めちゃくちゃに抱いてやりてーな！**」って。

伊達：お前の性欲スイッチなんかこえーな！

富澤：ていうか、結婚生活が長くなると、奥さんも旦那のことを男として見なくなるじゃん。

伊達：どうしても子どものほうに気持ちが行くもんな。それがきっかけでセックスレスになる夫婦も多いだろうし。ちなみに富澤はどうやって奥さんとそうなってんの？

富澤：**ごはんを食べてるときに肘で嫁の胸をツンツンしてみたり。**

伊達：**犯罪者の手口じゃねーか！**

富澤：子どもたちにバレないよう、そ〜っと行動に移すのがドキドキすんだよ。

伊達：思想まで犯罪者じゃねーか！

富澤：あとは廊下ですれ違いざまに、嫁の胸に肘を当ててみたり。

伊達：お前の行く末が不安になってきたわ！

富澤：それから台所に立っている嫁の背後から近づいてだな…

伊達：**もういいわ！　お前のヤバい性癖をまともに聞いてらんねーよ。**

富澤：まあご要望があれば、僕の性癖をブログの方であますことなく発表しますけどね。

伊達：誰も望んでねーから、自分の胸のうちに秘めとけよ。

富澤：でもスキンシップは本当に大事だよ。

伊達：お前のすすめるスキンシップは度を超えてんだよ！　まずは手をつなぐぐらいの軽いところからスタートしましょう。あまりに極端なスキンシップは、今のいい夫婦関係すらも壊してしまう可能性もありますからね。

富澤：最後にひとつだけ。**こんな話をしてたらムラムラしてきたんで、今夜は嫁をめちゃくちゃに…**。

伊達：いらねーよ、その報告！

こたえ 18

毎日毎日のスキンシップの効果だな！

お前のは度を超えてんだよ！

しつもん 19

妻の実家依存にうんざりしています

（Yさん／30歳／1歳の女の子のパパ）

伊達：どうも、サンドウィッチマン伊達です。

富澤：現場の富澤です。

伊達：なんで中継みたくなってんだよ！　同じ空間にいんだろ！

富澤：本日のお悩みはなんですか？

伊達：1歳の女の子をもつ、30歳のパパさんからのお悩みです。「**ことあるごとに実家を頼る妻に困り果てています。**今住んでいる家も妻の実家に近いというのが決め手になっていて、誕生日、クリスマス、ハロウィンなどはすべて実家で過ごすことに。義父母の結婚記念日にはレストランを予約して、お祝いもしています。子どものこれからのことなども夫婦で話し合って決めたいのですが、妻は義父母と相談して決めてしまう始末。自分は転勤もある仕事なので、今後のことも考え『少しずつ実家に頼らないようにしよう』と伝えたところ「**転勤？　あなたが単身赴任に決まってるじゃん**」と言われてしまいました。妻に自立してもらうにはどうすればよいでしょうか？」

富澤：今いちばん面倒なのは、3対1のこの構図だろうね。たとえば自分のご両親を呼び寄せて、3対3の構図に持ちこむのはどう？

伊達：旦那さんのご両親は遠方に住まわれてるみたいだから、現実的に厳しそうだけど。

富澤：ならもう**義父母の懐に入りこんで、自分の仲間になってもらうしかないよ。**仕事終わりは「ただいま！」と言って、奥さんの実家のほうに帰るとかして。「居ごこちよくてついつい長居しちゃいました〜」なんて言いながら1ヵ月くらい住みこんでみたり。

伊達：プチ単身赴任みたくなってんじゃん。

富澤：それが難しいようなら、出家するとかね。クリスマスを拒絶する理由にはなるでしょ。

伊達：クリスマスはいいけど、それ以外は出家した状態で参加するだけになるじゃんか。

富澤：**だったらヤ〇ザになって、お義父さんのことを「オジキ」って呼ぶとか。**反社の人とは関係を断ちたいだろうから、家族のイベントごとにも呼ばなくなるだろ。

伊達：**失うものが大きすぎんだろ！**　イベント避けるためだけに、どんだけのリスク背負うんだよ。

富澤：じゃあ、イベントのたびに実家に呼び出す面倒な義父母を暗殺するっていう映画をみんなで視聴して、「こういうことって本当にあるんですかね？」てなぐあいのにおわせ発言で、義父母を少しビビらせてみるとか。

伊達：さっきから解決策がおっかねーんだよ！　まずそんなドンピシャなストーリーの映画があるのかも疑問だしな。

富澤：まあそれくらいの強い気持ちで、奥さんや義父母と接してほしいということですよ。

伊達：たしかにそれは一理あるけどな。まず旦那さんに**この奥さんと別れるという選択肢がないのであれば、自分がしっかりしないと**。子どもだって同じようなことを言うようになっちゃったら困るでしょ。

富澤：そうそう。何か困ったことがあっても強気の姿勢で「黙ってついて来い！　今から俺の実家行くぞ！」くらい言ってやらないと。

伊達：結局お前も実家頼りじゃねーか！

こたえ

19

反社になって
お義父さんを「オジキ」
って呼ぶとか。

失うものが大きすぎんだろ！

しつもん 20

子どもが喜ぶ鉄板ネタの遊びを教えてください

（Yさん／38歳／8ヵ月の女の子のパパ）

伊達：どうも、サンドウィッチマン伊達です。

富澤：富澤です。そういえばこないだ、この連載読んでますよって声かけられてさ。

伊達：おお！　少しずつ反響が出てきた証拠じゃん。それで？

富澤：**「読んでます」とだけ伝えられて、それ以上は特に。**

伊達：**感想ないのかよ！　なんか傷つくわ。**

富澤：まあ、引き続き頑張りましょうよ。

伊達：そうだな、気持ち切りかえてくか…今回は仕事が忙しくて、なかなか子どもと遊べないパパさんからのお悩みです。

富澤：はいはい。

伊達：たまにしか遊べないので、パパとしていいところを見せようと頑張るも、娘ウケがイマイチ。「子どもと遊ぶときの鉄板ネタなどあれば教えてください」とのことですが。

富澤：**大きいリアクションをとると喜ぶよね。**たんすの角に小指ぶつけて、大して痛くもないのに大げさに痛がったりすると笑ってくれたり。でそのあとに「痛いの痛いの飛んでいけー」って、子どもに向かって飛ばしたりすると、子どももまたそれを俺に返してきたりして、盛り上がったりするけど。

伊達：ああ、なるほど。たしかに動きネタは喜ぶよね。うちの子どももCOWCOWさんの『知りませ～ん？』ってネタを振りつきで完コピしてたりするもん。**俺等のネタなんて1個も覚えようとしないのに。**

富澤：俺等のネタどころか、お前なんて娘に顔すらちゃんと覚えられてないだろ。

伊達：え？　どういうことだよ？

富澤：だってあれだろ、CMに出てくる振分親方を見て「パパ～」って言ってたろ。

伊達：一時期な。あと中華調味料「〇覇」に描かれてるイラストを見て「パパ、パパ」とも言ってたわ。

富澤：わかるわかる。俺もたまに「伊達」って呼びかけることあるもん。

伊達：なんでお前まで惑わされんだよ！　でもパパとしていいところを見せたいなら、特別感を演出するのが大事だよ。

富澤：特別感？

伊達：そうそう。ママとは普段行けないところでも、パパがいると行けるとか、ママはしてくれないことでも、パパならしてくれるんだぞ！　みたいな。

富澤：金の力に物を言わせると。

伊達：なんか気分悪いわ、その言い方！　うちの場合は娘とお風呂に入るとき、おもちゃ入りの入浴剤を使うんだけど、それは俺とお風呂入るとき限定にしてるんだよ。

富澤：物で釣るのな。

伊達：さっきから言い方に悪意あるわ！　まあ要するに、パパといるといつもと違う日常が訪れる。そんな演出を心がけてほしいなと。

富澤：お〜、パパが描かれてる調味料を使うとうまみが増すという演出ね。

伊達：それ「味●」だろ！　相談者さんの娘さんはまだ生後8ヵ月みたいだから、**あと何年かしたら、ふたりでデートしたり、料理作ったりするのもいいかもね。**

富澤：はいはい、そんなときにはこちら、万能調味料「●覇」をお使いください。

伊達：通販番組か！　もういいぜ！

こたえ

20

金と物の力で釣れ。

言い方に悪意あんな！

しつもん
21

赤ちゃんの寝つきが悪くて困っています

（Kさん／35歳、Dさん／40歳、Kさん／38歳ほか多数）

伊達：どうも、サンドウィッチマン伊達です。

富澤：どの角度から見ても富澤です。

伊達：その説明不要だな。「こいつ…もしかしたらトリックアート？」なんて疑ってないから。

富澤：**本日も悩めるラムたちから、お悩みは届いているんですか？**

伊達：なんで食肉での名称で呼んだんだよ！　悩める子羊な。今回は「子どもの寝つきが悪くて困っている」といったお悩みが多数届いているので、そちらのお悩みに答えていこうと思います。

富澤：これはどんな子どもにも訪れる問題だからね。お前んところはどんなふうに対処してきたの？　娘の秘孔を突いたりとか？

伊達：**ケンシロウか！**　寝つきよくなる以前に、永眠するわ！　うちの娘は洋服のタグをさわってると眠る子だったから、手の届くところに洋服を置いたりしてたね。

富澤：**どこへ行っても手ばなしたくないモノを用意するのはありだね。**お気に入りの毛布だとか、お気に入りのヌンチャクだとか。

伊達：ヌンチャク手ばなさない子どもとか、聞いたことないわ！　でもお気に入りのモノや曲なんかを作って、それがあれば眠るという習慣づけをさせると便利だったりするよね。

富澤：わかるわかる。

伊達：あとは昼寝を控えさせて、夜にガッツリ眠らせるような生活リズムにしてみるとか。うちの子はそのサイクルで、夜の8時半にはきちんと寝てるもん。

富澤：なるほどね。あと聞いた話なんだけど、男の子は水が好きだから、**お風呂に長めに入れておくと、たくさん水遊びして体力を消耗するから、夜ぐっすり眠りにつくんだって。**

伊達：おお、それいいじゃん。

富澤：**長いこと漬けこんでおけば、熟睡するし、汚れも落ちるしで一石二鳥。**

伊達：**ガンコな油汚れみたく言ってんじゃねーよ！**

富澤：でも悲しい話だけど、どれだけ頑張っても、夜泣きとかされちゃうと俺等ではどうにもならないのが現実なんだよな。ママのおっぱいには絶対に勝てないじゃん？

伊達：その側面から見てしまうと、われわれ男性陣では太刀打ちできないので力量不足ですよ。

富澤：昔、もしかしたらイケるかな？　と思って、子どもの前におっぱい出したことあったんだよ。

伊達：何してんだよ！　気持ちわりーな！

富澤：偉いもんで、手でバチンッておっぱいをたたかれたあとに、ギャン泣きされたわ。

伊達：子どもながらに危険を感じたんだろ。危機管理能力の高さに感心したわ。

富澤：父親側も寝かしつけに協力したいのはやまやまなんですけどね。

伊達：たしかに。でも実際、奥さん頼りになってしまうことが多いのも事実だよな。だからこそ父親は、奥さんの心のケアを怠らないことが大切。日々の生活のなかで、「夜泣きをまかせっぱなしでごめんね」とか、さりげなくねぎらいの言葉をかけてあげるとかね。

富澤：そうそう。それから奥さんのかわりにおっぱいを放り出してみるとか。

伊達：ギャン泣きされて余計手間かけんだろ！

こたえ

21

風呂に長く漬けて
体力を消耗させよう。
熟睡するし、汚れも
落ちるし一石二鳥。

ガンコな油汚れかよ！

しつもん 22

ほかの子とくらべてしまいます

（Iさん／32歳／9歳の女の子、0歳の男の子のママほか多数）

伊達：どうも、サンドウィッチマン伊達です。

富澤：伊達ではないサンドウィッチマンです。

伊達：まわりくどい言い方だな！

富澤：さあ本日のお悩みはなんでしょう？

伊達：今回も多くの方から、同様のお悩みが届いておりますので、そちらに答えていきたいと思います。「**自分の子どもをついまわりとくらべてしまうのですが、**どうしたらよいでしょうか？」とのことなんですが。

富澤：まあ、よく聞く話だよね。

伊達：子育てしてたりすると、不安になったりするんだよな。あそこの子はできて、なんでウチの子はできないんだろって。

富澤：不安になる気持ちはわかるんだけど、意外と大丈夫だったりするじゃん。大人になってしまえばできることもふえてくるし、何も今くらべる必要なんてないんだよ。あせりすぎなんじゃないかな。

伊達：そうそう。大人になればオムツだってとれるし、乳離れだってするんだから。

富澤：それに最悪、できなくたっていいんだよ。**俺なんて47にもなって、いまだにうんこもらすことだってあるし、**嫁のたわわなおっぱいからはなかなか離れられないぞ。

伊達：おっぱいはいいにしても、己のケツの穴の管理くらいはもう少ししっかりしてくれよ、47にもなったんなら。

富澤：それに親だってイヤだろ？「○○ちゃんちのお母さんのほうが料理おいしい」とか「○○ちゃんちのお父さんのほうがカッコいい」とか、子どもにくらべられたりしたら。

伊達：地獄だよな、そんなふうに査定をされ始めたら。俺、本当に大っ嫌いだからね。「なんでできないの？」って言葉。絶対に言っちゃダメだと思うよ。

富澤：「なんでできないの？」は、**メニューににらレバとかに玉があるのに、にら玉はできませんとかたくなに作ることを拒みつづける中華料理店の店主にだけ使っていい言葉**ですから。

伊達：いや正論だけど、今関係ねーな、その話。でもそうやってすぐにくらべちゃう親御さんっていうのは、自分の子どものいいところを見つけるのが下手くそなのかもしれないね。悪いところばかり気にしちゃってるから、そういう言葉が出ちゃうのかも。

もっと視野を広げて、お子さんのいいところに目を向けてあげてください。

富澤：ちょっと何言ってるかわかんないです。

伊達：なんでわかんねーんだよ！　なんなら今回の名場面だぞ。

富澤：ちゃんと話聞こうとしてるんだけど、**女子プロレスラーみたいな顔でまじめな話をされても、**なかなか頭に入ってこないんだよ。

伊達：誰が女子プロレスラーだ！　仮に女子プロレスラーみたいな顔してたとしても、話は聞けよ。

富澤：それが素直に受け入れることができないっていうか…。

伊達：なんでできないんだよ！　って嫌いな言葉使わせんじゃねーよ！

こたえ

22

できなくてOK。
俺なんて47にもなって
いまだにうんこ
もらしてますから。

お前はケツの穴の管理をしろ

しつもん

23

習いごとは、いつからなにをさせたらいいですか？

（Sさん／33歳／7ヵ月のふたごの男の子のママ）

伊達：どうも、サンドウィッチマン伊達です。

富澤：**あのころから富澤です。**

伊達：**どのころからだよ！　ずっと富澤だろ。**

富澤：さあさあ、本日のお悩みはなんでしょう？

伊達：今回は7ヵ月になる、ふたごの男の子のママさんからいただきました。

富澤：はいはい。

伊達：「子どもの習いごとについて悩んでいます。いつから、何を始めたらよいでしょうか。ふたごなので、最初は同じ習いごとをさせようと思っていますが、**お金も2倍かかるため、厳選しなくてはいけません。**アドバイスいただけたらうれしいです」

富澤：7ヵ月で習いごとスタートはちょっと早すぎる気もするけど、そのぶん利点もあるよね。

伊達：利点っていうのは？

富澤：親御さんのやりたいことをやらせても、嫌がりにくくなるってこと。小さいうちから生活の一部にしちゃえば、大きくなっても、その状況を自然に受け入れるでしょ。

伊達：ああ、赤ちゃんのうちから習慣にして、なんの違和感もなく続けさせる戦法ね。

富澤：そうそう。俺なんて物心ついたあとに無理やりピアノを習わされたもんだから、嫌すぎて、**ピアノ見るたびに鼻血が出るようになった**もん。

伊達：からだが受けつけなくなってんのな。

富澤：あたりまえの話になっちゃうけど、本人たちがやりたいものをやらせるべきじゃない？

伊達：まあそれがベストだろうな。無理にやらせても長続きしないだろうし。

富澤：焼き肉の口になってるとき、しょうが焼き食ってもなんか納得しないだろ？　それといっしょ。

伊達：同じカテゴリだから比較的受け入れられるわ！　もっとジャンル離せよ、寿司とかラーメンとか。まあでも最悪、**やめたくなったらやめさせてもいいんじゃない？**　いろいろ試させてみるのも大事だよ。どこに才能の目があるかわからないもんだし。

富澤：そうそう。俺なんてピアノを見るだけで鼻血が出ちゃうっていう才能を見出せたんだから。

伊達：それただの拒絶反応だろ！　まあ何をやらせるにしても、旦那さんとは話し合ったほうがいいよね。お金の問題や送り迎えの問題で、夫婦での協力が必要不可欠だろうからさ。

富澤：それは間違いない。**あとふたごでお金がかかるというなら、替え玉でいいんじゃない？**
今週は息子A、来週は息子Fに行かせるみたいな。

伊達：**藤子不二雄か！　なんでAとFなんだよ。**普通にAとBでよかったろ。

富澤：まあ費用は半額ですけど、そのぶん、学ぶ時間も半分になるわけだから、まわりとの差が生まれるというデメリットもあるけどね。

伊達：いや、そもそも**替え玉がダメだろ！**　なべやかんさんの反省を生かせよ！

富澤：あ、最後に読者の方にひと言いいかな？　もうお気づきかもしれませんが、実はこのふたご、後のザ・たっちなんですよ。

伊達：そんなわけねーだろ！　なんだこの終わり方！

こたえ 23

ふたごで金がかかるなら替え玉でいいんじゃね？

ダメだろ！　犯罪だわ

しつもん

24

子どもの好き嫌い、どうしたらいいですか？

（Kさん　35歳／4歳の男の子と7ヵ月の女の子のママ）

伊達：どうも、サンドウィッチマン伊達です。

富澤：出席番号で言えば、比較的中盤の者です。

伊達：大まかな自己紹介だな。

富澤：本日のお悩みはなんですか？

伊達：4歳の男の子と7ヵ月の女の子をもつ、35歳のママさんからのお悩みです。「**子どもの好き嫌いに悩んでいます。**野菜で食べられるのはほうれんそうくらいで、幼稚園に持っていくお弁当も『ふりかけご飯、から揚げ、ほうれんそうのソテーと卵焼き』のルーティンで毎日固定されています。たまにブロッコリーやキャベツを入れてみるのですが、キレイにそれだけ残してきます。この好き嫌いはいつか改善されるようになるのでしょうか？」

富澤：まずお弁当に関して言えば、**嫌いな食べ物を入れないであげてほしいね。**

伊達：それは俺も思うわ。せっかくの楽しい時間が、嫌いな食べ物のせいで悲しい時間になってしまうもんな。

富澤：そうそう。

伊達：それに大人だってお弁当屋さんでお弁当を買うとき、「好き嫌いを克服しなきゃ！」なんて意気ごみで、嫌いな物を選んだりはしないでしょ？

富澤：そもそも残して帰ってきたら、作った方もがっかりしちゃうしね。両者にとって悲しい結末しか待ち受けてないんですよ。

伊達：富澤も弁当には悲しい思い出あるもんな。

富澤：**高校時代の弁当が、なぜか毎日おでんだった**っていうエピソードだろ？　でもそれが悲しい話になったのはお前が原因だからな。

伊達：弁当の時間のたびに「お前んち、おでん屋なの？」ってイジってて、それをクラスの奴等にも言いふらしたら、富澤がコソコソとひとりで弁当を食うようになったたっていうね。

富澤：イジられるうえに、おでんもそこまで好きじゃなかったから、地獄でしかなかったわ。

伊達：ちなみにウチは、**俺等が「これおいしい！」と言うと、娘もおいしいと言って食べるよ**。最近だとカミさんがおかずに酢を入れて食べてるのを見て酢にハマっちゃって。餃子も酢だけで食べるんだよ。「しょうゆも入れたほうがおいしいよ」とすすめてもかたくなに受け入れてくれなくってさ。なんなら寿司屋でもしょうゆ使わないからね。

富澤：酢飯の酢の味を堪能してるんだな。**その年にして中尾彬さんばりの食通の食い方**してんじゃん。

伊達：ホント、天つゆやしょうゆをばしゃばしゃかけてしまう人間の娘とは思えないよな。

富澤：Kさんのお子さんも、今はまだ味覚が敏感だから好き嫌いを言ってしまうんだろうけど、歳を重ねたら味覚も衰えて、なにを食べても同じ味になるっていうもんな。そうなったら自然と野菜も食べられるようになるでしょ。

伊達：なにを食っても同じ味は言い過ぎだろうけど、味覚が変化するってのはあるらしいね。俺も子どものころ、湯豆腐なんか出された日にゃ「どうやって食うんだよ！」って、ちゃぶ台をひっくり返したくなってた記憶があるもん。それが今じゃ率先して食いたくなるくらいだしね。味覚は日々変化するもんですよ。

富澤：まあ今はあせらずじっくりと、**お子さんの味覚が老化するのを気長に待つとしましょう。**

伊達：売れてない芸人の嫁のごとく、長い目でね。

こたえ 24

老化したらなに食っても一緒。気長に待つとしましょう。

そこまで舌バグんねーよ！

しつもん25

絵本についてのお悩みあれこれ

（Sさん／27歳／3ヵ月の女の子のパパほか多数）

伊達：どうも、サンドウィッチマン伊達です。

富澤：この世に生を授かった者です。

伊達：それ言い出したら俺もだわ。

富澤：本日のお悩みはなんですか？

伊達：絵本に関するお悩みが多数届いているそうなので、今回はそちらにお答えしていきたいと思います。最初のお悩みは「**絵本の読み聞かせがうまくできません。読んでいる途中で照れてしまいます**」とのことなんですが。

富澤：照れる？　なんで？　あ、片方のキ○タマが出てる状態だとか？

伊達：だとしたらしまってから読めよ！

富澤：ぶっちゃけ照れてしまうっていう、その感覚がよく分からないんだけど。

伊達：キャラクターごとに声色を使いわけて感情移入しようとしたりするのかね？

富澤：だったら普通に読めばいいだろ。

伊達：そうそう。俺なんて昔、富澤と同居してたころ、よく官能小説を読み聞かせしてたけど、声色を使い分けたりなんてしなかったもんな。

富澤：「**やめてください…**」「**いいじゃないか**」。**もれなく全員おっさんの声で、誰が誰だか訳わかんなかったわ。**そもそもで、なぜ寝る前におっさんがおっさんに官能小説を読み聞かせしたのかも謎だけどな。

伊達：あのころは金も仕事もなかったし、暇の極致だったんだろうな。ということで、お子さんには声色を使い分けずに、官能小説を読み聞かせしてあげましょう。

富澤：なんでそうなんだよ！　普通に読み聞かせしろって話だったろ。

伊達：続いては「絵本を読んでいると子どもが勝手にめくってしまうので、『読む意味があるのかな？』と感じてしまう」というお悩みです。

富澤：意味はあるでしょ。文字や物の名前だとか、学べることも多々あるだろうし。**ひざの上にのせているだけでスキンシップにもなるしね。**まあ集中して聞いてほしいなら、ベタだけど、**しかけのある絵本がいいと思うよ。**

伊達：あれは鉄板だな。うちの子どももしかけのある絵本は大好きだよ。

富澤：**いきなり大爆発するやつとかね。**

伊達：テロか！　そんなおっかねーしかけないわ！

富澤：俺なんかは、桃太郎をわざと違うストーリーで読んで「パパ、ちゃんと読んで！」って言わせることで、聞くことに集中させるっていう作戦を駆使してるよ。

伊達：それいいね。あとは身近にいる人物を登場させたオリジナル絵本を作ったりすると、食いつくかもね。

富澤：**パパが鬼嫁にイジメられてる物語とかな。**

伊達：トラウマ残りそうだからやめてやれよ！　最後に「オススメの絵本はありますか？」とのことですが。

富澤：王道だけど『きたかぜとたいよう』『ぐりとぐら』とか名作だよね。

伊達：うんうん。あとは『マイク・デービス』っていう絵本もいいらしいよ。

富澤：あ～あの人気お笑いコンビ、サンドウィッチマンのコントがもとになった絵本ね。あれもなかなかの名作らしいから、**書店でお見かけになった際はぜひ、手に取ってほしいね。**

伊達：あ、宣伝はさみこむことに夢中で忘れてたけど、俺がいちばんオススメする作品は、『団地妻の…』。

富澤：それ官能小説じゃねーか！

こたえ

25

しかけのある絵本は
鉄板。いきなり
大爆発する
絵本とかね。

そんなおっかねー絵本ないわ！

しつもん 26

いいトイレトレーニングを教えて！

（Kさん／35歳／4歳の男の子、2ヵ月の女の子のママ）

伊達：どうもサンドウィッチマン伊達です。

富澤：いつの日か息絶える者です。

伊達：事実だけど、悲しい自己紹介はやめろ！

富澤：さて本日のお悩みはなんですか？

伊達：4歳半と2ヵ月の子どもをもつ、2児のママさんからのご相談です。

富澤：はい、どうぞ。

伊達：「**4歳半になる長男はいまだにオムツが取れません。**うんちは1年ほど前からトイレでできるようになったのですが、おしっこが上手にできないんです。厳しくしつけをしたほうがいいのかなと思って試みたこともありますが、効果はありませんでした。どのようなトイレトレーニングをしたらいいでしょうか？」

富澤：一般的にはトレーニングオムツなんかでぬれた感覚を覚えさせたりするんだろうけど、

まあそれらの方法はすでにやってるみたいだしね。

伊達：まずはトイレに行く習慣を身につけさせることが大事なんじゃない？ うちなんかは、出るか出ないかわからなくても「とりあえずトイレに行っておいで」ってよく促してたよ。

富澤：「知らないおじさんにはついていっちゃダメだぞ！」なんて言ったりしてね。

伊達：はじめてのおつかいか！　どこまで遠出させるつもりだよ。

富澤：そもそもでトイレという場所が楽しいところだと認識させてみたらどう？　居酒屋のトイレなんかにもあるけど、**的をつけてそこめがけておしっこさせるとか。**

伊達：あ～子どもなら楽しんでやりそうだね。遊びの延長線上でしつけもできて一石二鳥じゃん。

富澤：あとはパパと2人でトイレに行って、ウルトラマン気分でおしっこをクロスに放水してみたり。より楽しさも増して行きやすくなるでしょ。**まさに「親子水入らず」ならぬ「親子尿入らず」みたいな。**

伊達：したり顔してるけど、全然うまくねーよ！　前に気仙沼で見かけたんだけど、おしっこが何CC出たか分かるトイレとかあるのな。あんなのも子どもなら楽しみそうじゃない？

富澤：どっちのほうが量を出せるか競ったりね。でもたくさんおしっこを出したいあまり、トイレに行く前に大量の水分を摂取するというドーピング事案が発生する恐れはあるけども。

伊達：ドーピングって表現は大げさ過ぎんだろ！　いいよ、トイレ行くならそれくらいの事案には目をつむって。

富澤：**ただホルモンとかの関係でオムツがとれにくいこともあるみたいだから、気になるようなら病院に相談してみてもいいかもね。**

伊達：そうだね。それまでは個性として、寛大な心で受け入れてあげましょ。まあそれに大人の富澤だってよくうんこもらしてますから。

富澤：ナイツの塙くんなんかも残尿感が半端なくて、用をたした直後にパンツをびしょぬれにしてるんだってさ。**出してぬらして、ぬらして泣いて。**それでこそ真の漫才師ですよ。

伊達：そんな定義ねーわ！

こたえ

26

親子でトイレを楽しむ！的をつくってそこをめがけてさせるとか？

これぞ「親子尿入らず！」

しつもん

27 子どもが小さいうちにやっておけばよかったことは？

（Uさん／30歳／4ヵ月の男の子のママ）

伊達：どうも、サンドウィッチマン伊達です。

富澤：だと思ってました。

伊達：なんだ、だと思ってましたって。

富澤：本日のお悩みはなんですか？

伊達：4ヵ月になる男の子をもつ、ママさんからのお悩みです。「4年ほど不妊治療をした末に念願の子どもを授かりました。恐らく次の子は望めないので、**子どもにはできるだけのことをしてあげたいと思っています。**そこで子どもが小さいうちにこれをしておけばいい、またはしておけばよかったなどのアドバイスがあれば教えてください」

富澤：まあ正直な話、どう育てたって「こうしておけばよかったかな？」って思うもんだよ。

伊達：たしかに。正解がないだけに、こればかりはいろいろと試してみないとわからないよな。

富澤：ひとまず格闘技をやらせておくのはありじゃない？　いざというときに役立つと思うんで。
伊達：**受け身を取れるようになっておけば、ケガをするリスクも軽減されるしね。**
富澤：ということで、**お子さんにはカポエイラを習わせましょう。**
伊達：独特だな！　あれ強いのか弱いのか訳わかんねーから。普通に空手とか柔道とかでいいだろ。
富澤：お前んちは何かやってたこととかある？
伊達：ん〜強いて言うなら、子どもをむし歯にしたくなかったから、口移しとかチューをしないよう心がけてたね。
富澤：むし歯予防のおかげで伊達からのキスという罰ゲームを回避できたわけだ。
伊達：そんな毛嫌いされてねーわ！　でもそのかいもあって、むし歯のない子に育ちましたよ。
富澤：それはすごいね。
伊達：娘自身も気づかってる部分があって、歯みがきをしたあとは絶対に物を食べないからね。俺がケーキを買って帰ったりしても「**あ、もう歯みがきしたから大丈夫**」って断られるもん。
富澤：もう1回みがけばいいだけの話なのにな。

伊達：そうそう。俺なんて歯をみがきながらケーキ食ってるってのに。
富澤：どんな状況だよ！　**俺がひとつだけやっておきたかったことは出産時の立ち会いかな。**
伊達：あ～俺等どっちも仕事で立ち会えなかったから、せっかくなら立ち会いたかったよな。
富澤：うちの子なんて俺よりも先に後輩たちが抱っこしててさ、その写真を嫁さんから見せられたとき本当に俺の子か？　って疑ったもん。
伊達：あれだけ顔がそっくりな子どもがお前の子じゃなかったら、逆に驚きだわ。
富澤：俺としてはもう最悪誰の出産でもいいから立ち会いたいんだよ。ラジオでリスナーにも募集したけど、**1通も応募ないしさ。**
伊達：常識的に考えてあるわけねーだろ！　でも相談者のママさんもこれだけ息子さんのことを思っているんだから、その気持ちだけで十分じゃないですか。いいと思うことをしてあげれば、それが正解ですよ！
富澤：ちなみに、読者で出産に立ち会ってもいいぞって人は…
伊達：いねーからあきらめろって！

こた愛

27

カポエイラを習わせましょう。

独特だな!

しつもん

28

夫婦でしつけ方が違います

（Sさん／40歳／3歳と10ヵ月の男の子のママ）

伊達：どうも、サンドウィッチマン伊達です。

富澤：恐らく富澤です。

伊達：恐らくってなんだよ！　確実に富澤だろ！

富澤：さて、本日のお悩みはなんですか？

伊達：今回は子どものしつけ方で悩んでいるという、奥さんからです。

富澤：**子どもの煮つけ方？**

伊達：**しつけだよ！**　なんだ、子どもの煮つけって！

富澤：まずは詳細を聞きましょう。

伊達：3歳になる長男のしつけ方で、旦那さんとの考え方が異なるってことらしいんだけど、旦那さんは「言ってもわからないことはたたいてもOK」という主義なんだって。

富澤：で、奥さんはそれに反対していると？

伊達：そうそう。たとえば、箸の練習を始めた長男に「持ち方が悪い！」と、パチンって…。

富澤：指パッチンしたと？

伊達：ポール牧か！　指パッチンなら勝手にやらせとけよ！　じゃなくて、子どもをパチンとたたいたんだよ。

富澤：なるほどね。まあたたいてわかることもあるとは思うけど、**まだ3歳でしょ？　ちょっと早いんじゃない？**　物心ついてないだろうし。

伊達：うん、俺もそう思うよ。子どもが「これは親の愛情なんだ」と思えるようになるまでは、**絶対にダメだと思う。そうなる前の段階で手を上げるのは、親のエゴでしかないよ。**

富澤：ちなみにかの有名なプロゴルファー、タイガー・ウッズは、セックス依存症を治すために、電気ショックを与えられるという荒療治を受けてたらしいんだけど、結局なにも反省してなかったし、物心ついても…ふふっ、ダメな奴は…ふははっ…ダメなんだけどな、はっはっはっはっはっ！

伊達：何がそんなにおもしろいんだよ！　でもさ、子どもと接する時間が多いのって、なんだかんだ奥さんなわけじゃん。**だから奥さんの理想型であるしつけ方をするのがベストなんじゃないかなって、**俺は思うんだよね。

富澤：それは一理あると思う。そのしつけ方に対して、旦那さんがサポートすればいいんじゃない。

伊達：それがいいよな。で、子どもが多少大きくなり、両親に尊敬の念を抱くようになって、信頼関係が築き上げられたときに初めて、たたいて学ばせるという選択肢が出てきてもいいんじゃないかなと。

富澤：教育って信頼関係あってのものだからね。

伊達：本当、そのとおり。とはいえ基本的には、**手を上げてしつけるという教育方針、われわれサンドウィッチマンは反対ですけどね。**

富澤：なんか後半、急にまじめな話になりすぎてない？　大丈夫？

伊達：たまにはいいだろ、こんな回があっても。

富澤：あの、編集さん。後半のほうで何回か、ち○ちんってはさみこんどいてもらえます？　ちょっと不安なんで。

伊達：いいよ、ち○ちんでおちゃらけなくて！

富澤：ち○ちんでおちゃらけるのはタイガー・ウッズだけで十分。本日はそんな結論です。

伊達：どんな結論だよ！　なんの話だったかわかんなくなるわ！

こたえ

28

子どもの煮つけ方？

しつけだよ！

しつもん

29

末永く、いい夫婦でいるためには？

（Sさん／42歳／3歳と1歳2ヵ月の男の子のパパ）

伊達：どうも、サンドウィッチマン伊達です。

富澤：富澤です。今回も悩める小中学生からお便りは届いてますか？

伊達：届くか！　その年齢層は読んでないだろ。

富澤：これが俗に言う読書離れ…深刻な問題だ。

伊達：お前の思考回路が問題だわ！　今回の相談者は2度目の結婚をされたパパさんからです。

富澤：はい、どうぞ？

伊達：「1回目の結婚は上手くいかなかったのですが、その理由がサッパリ分かりません。2回目の結婚こそは、**末永くいい夫婦でいたいので、何かコツなどあれば教えてください**」とのことですが。

富澤：そもそも最初の結婚で、なぜ失敗したのかを理解しないとダメだよね。

伊達：そうそう。そこをクリアにしないと、また同じ過ちを繰り返すよ。ちなみに相談者さんが言うには、仕事が忙しくて生活のすべてを奥さんに任せきりだったのが原因なんじゃないかと…。

富澤：それだろ！　**原因判明してるじゃねーか！**

伊達：まあ恐らくこれが原因だろうな。

富澤：だったら解決策はもう見えてるよ。育児も家事もいっしょにする！　これでしょ。

伊達：富澤は忙しいけどときどき飯作ったりしてるもんな。

富澤：そうそう。仕事が早く終わったときなんかには、食事を作ったりしてるからね。

伊達：そういうのが大事だよな。ただ富澤の作る料理は全体的にしょっぱいのが問題だわ。

富澤：嫁さんの家事の負担が減る一方で、着実に寿命も減っている可能性は高いという。

伊達：**分かってんなら塩分調整しろよ！**

富澤：それから、末永くいい夫婦でいるには、ケンカしたときの対処法なんかも重要になってくると思うんだよ。

伊達：あ〜、確かにそれ大事だわ。うちの場合はケンカしたら、時間をかけて修復していくようにしてるね。お互いに気遣いしたりして。

富澤：たとえば、どんなふうに？

伊達：**冷凍庫に入ってる俺のお気に入りのアイスが少なくなったら、奥さんが補充しといて**

くれたりするのよ。俺は俺で、奥さんの好きな炭酸水が少なくなったら冷蔵庫に補充してあげるみたいな。そんな些細なこと。

富澤：**コンビニ店員みたいだな。**それで仲直りできるんだ？

伊達：お互いにいつしか許し合ってるよね。富澤家の場合はどんな風に解決してるの？

富澤：まず電話だとキリがなくなるから、必ず会って会話をするようにしてる。

伊達：うんうん、それで？

富澤：家に帰ってから話し合うんだけど、俺は基本的に理詰めで攻めるから、奥さんはまたイライラが倍増しちゃうんだよね。

伊達：ダメじゃねーか！　解決策になってないだろ、それ。

富澤：でもまあ、**最終的には抱いて解決するよ。**

伊達：お前、なんでもそれで片づけるよな？

富澤：たいていのことは抱けば解決しますからね。

伊達：最低だな！　なんだか相談者さんより、お前んちの方が心配になってきたわ…。

こたえ 29

ケンカしたらお互いの好きな物を冷蔵庫に補充せよ。

コンビニの店員みたいだな

しつもん30

どこからが浮気ですか!?

（Tさん／34歳／8ヵ月と1歳の女の子、11歳の男の子のパパ）

伊達：どうも、サンドウィッチマン伊達です。

富澤：ゲストの富澤です。

伊達：**お前もレギュラーだろ！**

富澤：本日はどんな0783、お悩みが届いているんですか？

伊達：CMみたく言うんじゃねーよ！　本日は嫉妬深い奥さんに困っているという、34歳3児のパパさんからのお悩みです。

富澤：はいはい。

伊達：「若くして結婚して以来、妻以外の女性と「一線を超えた」ことはありません。ですが、携帯の履歴チェック、GPSでの位置確認と、**妻の監視がキツく息が詰まりそうです。**たまには合コンや、女性と2人での食事、手をつないで歩く程度は浮気じゃないと思っているので、それくらいは許してほしいと思っているのですが、おふたりはどう思われますか？」

富澤：どれもダメだろ、普通に考えて。

伊達：俺もそう思った。そんなんだから、監視もキツくなるんだろ。

富澤：こんなイタリアーノ魂の持ち主、日本にもまだいるもんなんだな。

伊達：何ちょっと感心してんだよ！　結婚して3人の子宝にも恵まれて、こんな幸せなことないじゃん。それなのにまだほかのものを求めて、贅沢を言うかね？　っていうか、**あなたがそうやって楽しんでいるときに奥さんは家事に子育てに大忙しってこと、わかってるんですか？　クズ！**

富澤：クズは言い過ぎだろ！　そもそも、どこまでがよくて、どこからがダメという浮気の線引きって、自分の判断で決めるものじゃないからね。

伊達：そうそう。浮気かどうかは、パートナーの判断だもんな。ちなみに俺なんかは、どんな女の子と手をつなぐよりも、自分の娘とつないで歩いている時間の方が、何百倍も幸せだけどね。

富澤：ちょっとなに言ってるかわかんないです。

伊達：**なんでだよ！　父として満点の回答だったろ！**

富澤：**奥さんが嫌だと思うことをした時点でアウト**。あと「どこからが浮気？」なんてことを考えている人間は、大概、浮気願望のあるクソ人間です。

伊達：この旦那さんも多少なりとも、そういう気持ちがあるのかもな。奥さんに「トキメキを感じなくなった」とも言ってるみたいだし。

富澤：ほかの女性に求めるより、奥さんとの愛情を深めることに努めたほうが健全でしょ。

伊達：トキメキを取り戻すための努力も必要だよな。たまにはふたりきりで旅行くとかさ。

富澤：JTBのまわしものなの？　定期的に解決策として旅行のプランを提示してくるけど。

伊達：もしくは愛の言葉を囁いてみるとか。そういう積み重ねで、トキメキが再燃したりするもんなんじゃないの。

富澤：**言葉だけで伝わらなければ、言葉責めで…。**

伊達：若干意味変わってんじゃねーか！

富澤：では本日の結論。パートナーの嫌がる行動をしてはいけない。ただし、ベッドの上での女性の「嫌」は「嫌」ではないので、童貞諸君、要注意だぞ。

伊達：童貞は読んでねーよ！

こたえ

30

奥さんが嫌だと思うことをしたらアウト。

わかったか？　クソ野郎。

しつもん
31
老後のことを考えていますか？
（Yさん／40歳 ほか多数）

伊達：どうも、サンドウィッチマン伊達です。
富澤：シェフの気まぐれだけは絶対に、絶対に許さない男です。
伊達：シェフとの間に、何があったんだよ！
富澤：さて本日のお悩みはなんですか？
伊達：老後に関する質問が多数届いているので、今回はそちらに答えていきたいと思います。まず最初の質問「夫婦間で老後のことを話されていますか？」
富澤：**まあ軽い感じで「海外に住んでみてもいいかもね」なんて話はしたことあるよ。**
伊達：へぇ～、永住したいってこと？
富澤：いや。飯が合わないとか、やることなくて飽きてきたなってなったら即帰国するよ。お前んちはどうなの？
伊達：うちはいっさい話し合ってないね。こういう仕事だと**定年もないから先々のことが考**

えにくいじゃん？

富澤：まあね。自分たちで辞めるか、もしくは仕事がなくなるかだもんな。

伊達：そうそう。だから人生設計が立てづらいっていうのはあると思うんだよ。

富澤：あと伊達の場合は**いつ捕まるかわかんないから、本当に先が見えないよな。**

伊達：逮捕前提で話進めんな！

富澤：続いての質問どうぞ。

伊達：「子どもとはどのようなスタンスでつきあっていくつもりですか？」

富澤：スタンスとかはないけど、最終的には家を出て行くだろうし、好きなように生きてくれればいいんじゃない。あ、ちょっと待って。**これどっちの〝息子〟の話してる？**

伊達：バカなのかよ！　『赤ちゃんとママ』で今後のち○ぽのスタンス聞いてくるクレイジーな読者いるわけねーだろ！　子どもだよ、子ども！

富澤：やっぱりそっちね。恐らく今となんら変わらない感じでつきあっていくんじゃないかな。何かがあればそのときになって考えますよ。伊達んちは女の子だけど、なんか考えてる？

伊達：女の子は実家に帰ってくるなんていうじゃん？　帰ってきてくれればそりゃうれしいけど、まあ大人ですから。そこは富澤と同じで自由に生きてくださいって感じかな。

富澤：定期的に面会に来てくれってことか。

伊達：だから**なんで俺捕まってんだよ！**

富澤：なんでって、罪状が気になる感じ？

伊達：そういう意味で言ったんじゃねーよ！

富澤：続いての質問どうぞ。

伊達：死に方について夢はありますか？

富澤：死に方と少しは違うけど、**死んだら剥製にしてもらって、ソファーに置いといてほしいね。**

伊達：邪魔だな！　どっか行けよ！

富澤：死んでんのにどうやってよそ行くんだよ！　そもそも死んだら悲しむくせに、**剥製になったら邪魔者扱いなんて理不尽にも程があんだろ！**

伊達：お前の思想が理不尽なんだよ！　俺は昔、死に方が見える占い師の人に「収録中に上から照明が落ちてきて死にます」って言われたんだけど、なんかその死に方イヤじゃん。だからそれだけは避けたいなと思ってる。

富澤：スタジオの掃除大変だもんな。

伊達：問題そこじゃねーよ！

富澤：でも安心しろって。お前の最期は独居房で孤独死が確定してるから。

伊達：だから捕まんねーっての！

こたえ

31

死んだら剥製にして
ソファーに
置いといてください。

邪魔だな!

おまけ質問

好きな本はなんですか？

本当にそれ聞きたいか？
『キン肉マン』『ろくでなしBLUES』
『魁!!男塾』だな。

お前、毎回その
3本立てだな。
再放送の『サザエ』さんかよ。

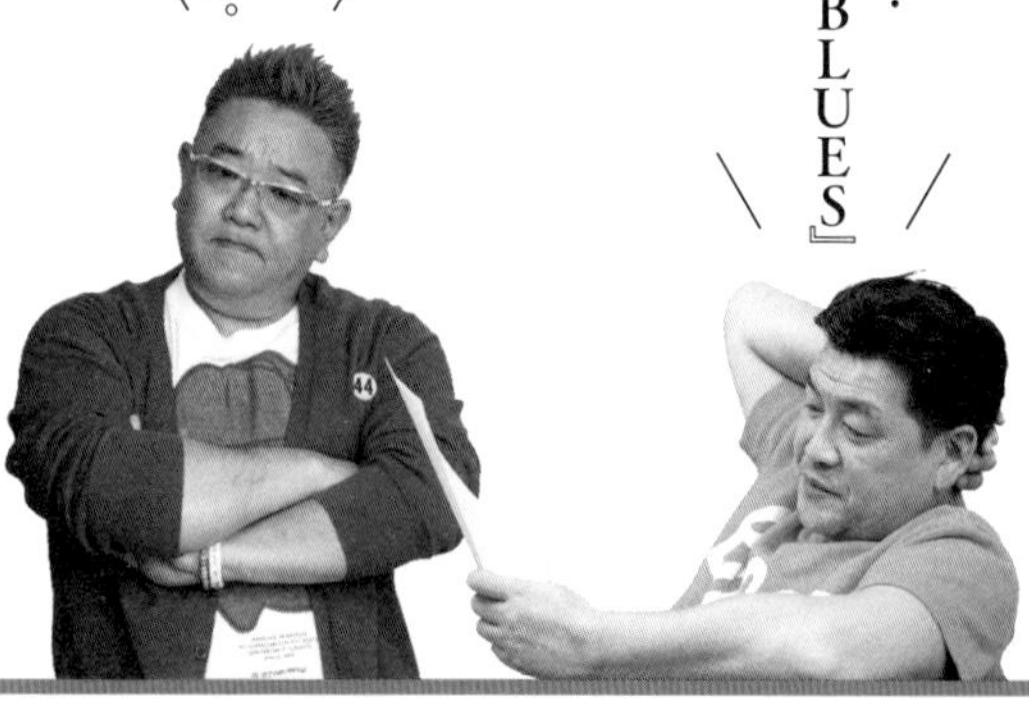

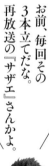

第3章

そのほかの人間関係に関するご相談

しつもん
32

義父母が厚かましくて困っています

（Aさん／27歳／7ヵ月の男の子のママ）

伊達：どうも、サンドウィッチマン伊達です。

富澤：富澤です。

伊達：さあ、本日もいきましょうか。

富澤：え？　どこ行きます？　コストコですか？

伊達：北斗晶か！　お悩み相談にいくんだよ。

富澤：ああ、毎月やってくる恒例のアレな。

伊達：連載って言え！　意味深に聞こえるんだよ。

富澤：本日のお悩みは？

伊達：**「義理の両親との関係」に悩むママからです。**

富澤：はいはい。

伊達：いろいろと不満はあるようで、たとえば、好みに合わない子ども服をプレゼントされて、それを着せないと「たんすの肥やしじゃないのよ」なんて嫌みを言われたり。

富澤：好みの違いはあるもんな。

伊達：あとは、両親の都合で頻繁に家に来るだとか、**自分たちのことをなぜかパパママと呼ばせようとしたり**だとか、勝手に晩ごはんを作るうえに、旦那が私のごはんよりおいしいと絶賛してしまうとか。

富澤：不満だらけじゃん。最終的には旦那さんにまで怒りが飛び火してるし。これ俺等には荷が重くない？ **伊集院静さんに相談したほうが賢明だと思うけど。**

伊達：そのとおりなんだよ。ただ募集しちゃったからには、俺等なりの意見も述べないとだからさ。

富澤：ん～そうだな。これはもう受け身だからダメなんだろうな。奥さんから攻めこむべきでしょ。

伊達：攻めこむって？

富澤：義理の両親に奇抜なデザインの服をプレゼントすんだよ。

伊達：あ～ドン小西さんみたいな服とか。

富澤：そうそう。それ困るだろ？

伊達：相当困るね。**あれ着こなせるのドンさん本人くらいなもんだもん。**

富澤：あとは子どもを連れて、頻繁に両親の自宅に遊びに行くとか。毎度毎度、元気な子どもの相手をさせられたら、老体にはかなりこたえると思うよ。

伊達：「もうやめて！」って、相手がギブするまで攻め立てるみたいな？

富澤：そう、先手必勝でね。

伊達：ちょっと意地悪だけど、その2つの解決策は悪くないかもな。じゃあ、パパママと呼ばせようとする問題はどうする？

富澤：これはもう極論なんだけど**「どうせあいつら、先に死ぬしな」って、割り切っちゃうことが大事。**

伊達：極論すぎんだろ！

富澤：お義母さん側について、ごはんをおいしいと言ってる旦那もいずれは死ぬし、そんなことで悩んでる奥さんもいつかは死ぬし、こんなクソみたいな解決策を提示してる俺も死ぬ。

伊達：**事実だけど悲しいわ！**

富澤：お前、自分は死なないと思ってるかもだけど、死ぬからな？

伊達：知ってるわ！　いいよ、言わなくて。

こたえ

32

どうせあいつら、先に死にます。

極論すぎんだろ！

しつもん 33

ママ友って、つくらなくちゃダメですか？

（Kさん／32歳／6ヵ月の女の子のママ）

伊達：どうも、サンドウィッチマン伊達です。

富澤：だそうです。

伊達：補足いいわ！　お前も名乗れよ！

富澤：はいはい。富澤、富澤。

伊達：やっつけやめろ！　さて本日のお悩みも少し深刻な問題ですよ。

富澤：じゃあ、違う方のお悩みにしましょう。

伊達：飛ばそうとすんな！　UNOじゃねーんだからスキップとかねーんだよ！　今回の相談者さんは6ヵ月の女の子のママさんで**「ママ友ができない」ということで悩んでいる**そうなんですよ。

富澤：なるほどね。

伊達：パパの転勤で知らない土地に越してきたんだって。慣れるまでの期間限定でもいいからママ友が欲しいと。

富澤：月見バーガーみたいだな、期間限定って。

伊達：なんかこの相談者さん、本心では「ひとりが好きだから、無理して友達をつくらなくていい」と思ってるらしいんだよ。

富澤：**情緒どうなってんだよ！** つくらなくていいなら、今のままでいいじゃん。

伊達：それもそうはいかないんだって。赤ちゃんのお友達をつくってあげたいし、ママネットワークの情報も必要なんだろうなっていう気持ちがあるらしいから。

富澤：今や情報化社会なんだから、ネットで調べればなんでも出てくるだろ。**何か知りたいことがあれば、ママ友に聞かなくてもYahoo!知恵袋が解決してくれるだろうし。**

伊達：それはそれで悲しいだろ。もっと人と人とのつながりを重んじろよ！ それに、評判のいい医者とかは生の情報のほうがいいだろ。

富澤：でも無理して人づきあいなんか続けてたら、ストレスがたまって、一瞬でツルッパゲになっちまうだろ？

伊達：セロか！ そんな一瞬でツルッパゲにはなんねぇんだよ、人間は。

富澤：それなら、**つねに笑顔でいるとかどう？** 笑顔を振りまけば、人も寄ってきやすいじゃん。

伊達：あ〜、それはあるね。ムスッとしてると近づきがたいオーラとか出ちゃうもんな。

富澤：そうそう。御近所さんとあいさつするときはつねに笑顔で自分の爪に向かって話しかけて。買い物してるときも笑顔でただただ商品を眺めるだけ。真夜中に電気もつけず笑顔で何も映ってないテレビを眺めるし、信号が青になっても渡らずにただひたすら笑顔で空を眺めてるとかね。

伊達：サイコパスか！　眺めてばっかのおっかねー奴、絶対友達になりたくないだろ。

富澤：まわりの人たちからは、**親しみをこめて、サイコさんと呼ばれたりしてな。**

伊達：**サエコみたいなノリで言ってっけど、完全にただの悪口だからな。**今より状況が悪化してんじゃねぇかよ。

富澤：でもまじめな話をすると、子どもが保育園とか、幼稚園に通いはじめれば、**自然とママ友なんてできていったりする**もんでしょ。

伊達：そうなんだよ。あせって今すぐ、ママ友をつくらなくても大丈夫なんだって。公園とか遊びに行っても、やさしいお母さんとかが、あちらから声かけてきてくれたりもするだろうから、そういう人づきあいが苦手な人は、**無理して自分から行動しなくても大丈夫。**

富澤：要するに、時間が解決してくれる。そういうことですよ、サイコさん。

伊達：だからサイコさんやめろって！

こたえ 33

子どもが保育園とか通いはじめれば、自然にできますから。

時間が解決してくれます。

しつもん

34

パパがいないとダメですか？

（Mさん／28歳／1歳の男の子のママ）

伊達：どうも、サンドウィッチマン伊達です。
富澤：**好感度うなぎのぼりの富澤です。**
伊達：やめとけ！　そういうことは自分で言うもんじゃないんだよ。
富澤：さあ今日も好感度アゲアゲで行きましょ。
伊達：なんかやりにくいわ！　本日は28歳、1歳の男の子をもつ、シングルマザーの方からのお悩みです。
富澤：はいはい。
伊達：「結婚3年目に子どもを授かったのですが、**出産後に旦那の浮気が発覚。**子どものために結婚生活を続けたかったのですが、旦那はしだいに帰ってこなくなり、お給料も入れてくれなくなったので、**実家も近いし、思い切ってシングルになりました。**そこでおふたりに質問です。パパがいないことで、子どもにどんな影響があると思いますか？」

富澤：**相手は狩野英孝ですか？**

伊達：違うわ！　と強く断定できないところもあるけど。

富澤：まあ今の時代、こういう方もたくさんいるからね。

伊達：父親から学ぶことも多々あるだろうけど、こんなクソ男から学ぶことなんてないだろうから離婚して正解でしょ。

富澤：たしかに。少しこの方とは状況が違うけど、俺が仕事で家にいないとき、カミさんが子育てで困っていることといったら、男の子の行動を理解できないことなんだって。

伊達：たとえば、どんなふうに？

富澤：ことあるごとに、すぐ戦い始めたりね。恐らく、戦隊モノの影響だと思うんだけど。

伊達：あー、そういうのは男の子特有だろうな。

富澤：そういった部分をいかに理解してあげるかが大事。なので、**お母さんはいつでも戦えるよう、金属バットを用意しておきましょう。**

伊達：ヤンキーの抗争か！　戦うにしても本気すぎんだろ。でもさ、もし子育てに行きづまったときなんかは、自分が親御さんにされてうれしかったことを、そのまま自分の息子さんにしてあげればいいいと思うよ。

富澤：それもありだね。それでも自分だけではどうにもならなくて、パパが必要だなと感じた場合には、あしゅら男爵※みたいに、半分男で半分女のメイクをほどこして、場面場面でパパとママを使い分けながら子育てすればいいんじゃないかな。

伊達：準備するのがめんどくせーよ！

富澤：あ、あしゅら男爵がわからない人もいると思うんで、挿絵を入れておいてもらえます？

伊達：**無駄な仕事をふやすんじゃないよ！**

富澤：最後に注釈を入れておくんで、絶対に読んでください。絶対にですからね！

伊達：念押しうるせーな！　それとですね。相談者さんが俺等の大ファンらしく、エールをくださいとのことなんでひと言ずつメッセージ贈りましょうか。「愛情をもって育てれば大丈夫。必ず最後に愛は勝ちます。困ったときはＫＡＮを聴きましょう」

富澤：それ何の解決にもならないだろ。えー、「卒業アルバムで金属バットを持ったまま撮影に挑むような、おもしろくて好感度の高い、俺のような男に育ててあげてください」。

伊達：だから好感度って自分で言うな！

※永井豪・作の『マジンガーＺ』に登場する、右半身が女性、左半身が男性のキャラクター。

こたえ 34

こんなクソ男から子どもが学ぶことはないから離婚して正解でしょ。

愛情とKANのCDがあれば大丈夫!!

しつもん

35

家庭での育児協力に理解のない職場に困っています

（Nさん／30歳／1歳2ヵ月の男の子のパパ）

伊達：どうも、サンドウィッチマン伊達です。

富澤：**ゲストの富澤です。**

伊達：**お前もレギュラーだろ！　自覚もてよ！**

富澤：さあ本日のお悩みは？

伊達：今回は1歳2ヵ月になる男の子をもつ、30歳のパパさんからです。「子育てに理解が得られにくい職場での現状をどのように打破すればよいでしょうか？」

富澤：具体的にどういった状況なの？

伊達：奥さんもフルタイムで働いていて、2ヵ月前に職場復帰。自分も子育てに協力をしたいけども、なかなか休みを取れないうえ、定時で上がることもできないと。上司に相談しても**「は？　なに言ってるの？」と取りつく島もない**んだって。

富澤：その言い方はひどいな！　**そういうときは「ちょっと何言ってるかわかんないです」**

って言うのが筋だろ！

伊達：それお前が言いたいだけだろ！

富澤：もうそんな会社辞めてしまえ。

伊達：でもこの仕事は辞めたくないんだって。

富澤：だったらその上司よりもさらに上の立場の人間に相談してみたら？

伊達：できれば角が立つやり方はしたくないみたい。上司にも嫌われたくないらしいし。

富澤：じゃあ上司を自宅に招いて、いかに子育てで家庭が大変なのかという現状を見せつけてみたら？　現実を目のあたりにしたら上司の心境も変化するんじゃない？

伊達：上司を「典型的なゴマすりタイプで、超嫌なヤツだ」って言ってるくらいだから、自宅に上げることすらしたくないと思うよ。

富澤：**もうめんどくせーわ！　仮病でいいだろ、仮病で**。仮病で休んでください。

伊達：投げやりじゃねーか！　でも富澤が投げやりになる気持ちもわかるわ。この人はいいパパさんかもしれないけど、考え方が少し甘いんだよな。

富澤：そうだろ？　冷静に考えて、すべてがうまくいくことなんてないんだから。どこか妥協するとか、時間をかけるとかいう選択も視野に入れないと。

伊達：普通だったら、まずは上司をまるめこんで、状況が整ってから奥さんの職場復帰を進めるべきでしょ。最初から両立が難しい職場だってわかってて、それでも辞めたくないのなら、**先に夫婦で出産後の生活を話し合うべきだったな。**なんとかなんだろって強行突破した結果が今なんだよ。大きな決断を下すときは、まず根回しが大事。

富澤：それに仕事がどんなに忙しくても、そのなかでできることだってあるはずだよ。時間がないという言い訳を盾に行動してないだけじゃない？　時間がないなりに家庭で何ができるのかを模索してみてください。

伊達：あと上司に嫌われたくないとか、会社は辞めたくないとか、**いいとこ取りだなとも感じました。もしも本気だったら、すべてを投げ捨ててでも行動に移さなきゃ。**

富澤：パパさん、わかりましたか？　今後は、何も悪いことしてないのに嫌いな芸人ランキングで1位に輝いてしまった、アキラ100％の気持ちもくんだうえで発言してくださいね。

伊達：いや、最後のは完全に流れ弾だな！

こたえ
35

いいとこ取りでは何も手に入らないよ。

本気なら行動あるのみ！

しつもん 36

保護者会で緊張してしまいます

（Nさん／30歳／1歳の女の子のパパ）

伊達：どうもサンドウィッチマン伊達です。

富澤：皆さんの期待を裏切る形になるかもしれませんが、風呂では左腕から洗う者です。

伊達：なんも期待してねーよ！

富澤：本日のお悩みはなんですか？

伊達：1歳になる女の子をもつ、パパさんからのお悩みです。「緊張するタイプで困っています。子どものころから人と接すると、手が震えたり、汗をかいたり…。共働きで家事・育児は分担しているため、子どもの保護者会に出席することもあったのですが、男は僕ひとりでとても緊張しました。今後もこのような場面が訪れると思うと、今から気が気じゃありません。おふたりは緊張などされませんか？ **何か緊張から解き放たれる方法があれば教えてください**」とのことなんですが。

富澤：まあ緊張はしないタイプですかね。

伊達：緊張するくらいなら、人前に出るお笑い芸人なんて特殊な仕事を選択してないですよ。

富澤：でも強いて言うなら、新ネタを披露するときは、少し不安な気持ちにはなるかな。ちゃんと間違わずに披露できるかな？　って。

伊達：ただ俺等の場合、どちらかがミスを犯してもカバーしあえるんでね。そういうところでの安心感があるから緊張もしないのかも。

富澤：だったら**相談者さんも安心感できるパートナーを連れて行けばいいんじゃない？　「保護者の保護者」みたいな。**

伊達：ほかの保護者がざわつくだろ、あの人誰？　って！

富澤：ていうか、別に緊張を隠す必要もないんだよ。むしろ緊張してることを伝えてやればいいじゃん。「あ、すいません！　緊張で手が震えちゃって…見てくださいよ。いつもより震えてるんで！」

伊達：それはそれで見せられた側はどう対応していいかわかんないけどな。

富澤：「見てくださいよ。手汗で手がびっちゃびちゃなんです」

伊達：だからなんでさっきから見せたがるんだよ！

富澤：「見てくださいよ。僕今、全裸なんで」

伊達：なんで唐突に脱いだんだよ！　緊張感のカケラもなくなってんじゃねーかよ。でもさっき富澤も言ったように、緊張することはけっして悪いことではないから。緊張とは、

「いいパフォーマンスを披露するための準備」なんですよ。

富澤：それさ…

伊達：って、某一流アスリートも言ってたくらいだからね。

富澤：今、俺が何か言いかけなかったら、自分のセリフとして発表してただろ？

伊達：ちょっとなに言ってるかわかんないです。

富澤：それ俺のだわ！　さっきから人様のものを横取りすんじゃないよ。そもそも相談者さんは考えすぎなんじゃない？　ぶっちゃけた話、**誰も他人のことを、それほど見てませんよ。**

伊達：まわりのみんなも自分のことで精いっぱいだったりするもんな。

富澤：そうそう。この連載だって誰も読んでいないんだから。他人の目を気にしたら負け。ち〇こち〇こ。

伊達：読者いるわ！　まず相談者に詫びてこい！

こたえ 36

安心できるパートナーを連れて行くのは?「保護者の保護者」みたいな。

ほかの保護者がざわつくわ!

しつもん

37

義母の〝干渉〟に迷惑しています！

（Aさん／28歳／島根県／1歳の女の子のママ）

伊達：どうも、サンドウィッチマン伊達です。

富澤：私の名前はCMのあとで。

伊達：どうやって文面にCM挟むんだよ！

富澤：さて本日のお悩みはなんですか？

伊達：1歳になる女の子のママさんからです。「**義母の干渉に迷惑しています。**娘が生まれたときは母乳がたくさん出るようにと自分が愛飲している水素水を大量に送ってきました。そのほかにも自己啓発本、健康食品などが送られてきて、最近では娘のオムツがはずれないのは家の方角が悪いからと、**水晶っぽい腕輪や風水の御札が送られてくる始末。**これ以上、深刻な事態になる前に、迷惑していることを伝えるにはどうすればいいでしょうか？」

富澤：これ旦那さんはなにしてんの？

伊達：「ほっとけ」の一点張りらしいよ。

富澤：まぁいちばん手っ取り早いのは、同じことをして、**いかに迷惑かを知らしめることだよな。**たとえば、こけしを段ボール箱いっぱいに詰めこんで送りつけてみるとかさ。

伊達：いらねーなー。使い道にも困るし。

富澤：この苦悩を理解させるためにも、旦那の勤め先にも大量のこけしを郵送しましょ。

伊達：ある意味、脅迫状なんかより恐ろしいわ。

富澤：あと見たこともない謎の深海魚や謎のキノコを取り寄せて郵送するとかね。見たこともない食べ物って怖いだろ？

伊達：たしかに。絶対口に入れたくないもん。

富澤：それで受け取りを拒否した場合は「**あんたがやってることはそういうことだー！**」

伊達：**稲川淳二か！**　俺が一瞬ビクッとしただけで文字だと伝わりにくいわ。

富澤：でもそれだとムダにお金がかかるから、逆にリクエストしてみるとかもありかもね。

伊達：なになにが欲しいって伝えるってこと？

富澤：そうそう。ただ簡単なモノだと普通に送りつけてくるだろうから、無理難題をふっかけるんだよ。「〇〇県のがけの上に生えている薬草は母乳の出がよくなるそうなので、ちょっと取って来てもらえませんか？」てなぐあいに。

伊達：あーそれいいじゃん。で、帰ってきたら「次はアメリカにある…」って、また派遣して、当分のあいだは静かになるな。

富澤：それでダメなら風水じゃなくて黄色い御札を義母にリクエストして、その御札を義母の額に貼りつける！　そうすれば完全に動きは停止するから。

伊達：**いや、キョンシーか！**　キョンシーにしか効果ねーよ、それ。ちなみにうちの義母は、俺と野球観戦してるうちに野球にドハマりして、最近じゃ楽天の選手にスゲー詳しくなってるよ。

富澤：元楽天のブラッシュの打撃フォームまねしてるもんな。

伊達：あのいかにも助っ人外国人みたいな打撃フォームな。って、やってねーよ！　360°モンキーズじゃねーんだから！　**って細かすぎて誰も知らねーよ！**　でもそんなふうにほかに目を向けさせて、こちらへの興味を薄れさせるのも手じゃないかな。ただ本来は旦那さんが、さりげなく義母に伝えるのが理想だけどな。

富澤：もし旦那が協力しないというなら、そのときは黄色い御札を…

伊達：だからキョンシーにしか効果ねーよ！

こたえ 37

段ボールいっぱいのこけしを送りつければいい。

着払いでネ！

しつもん 38

苦手なママ友、どうつきあえばいいですか？

（Yさん／34歳／4歳の男の子、1歳の女の子のママ）

伊達：どうも、サンドウィッチマン伊達です。

富澤：**カレーのおいしい季節です。**

伊達：**季節関係なくずっとおいしいわ！**

富澤：本日のお悩みはなんですか？

伊達：4歳の男の子と1歳の女の子をもつママさんからのお悩みです。「保育園のママ友との人間関係に悩んでいます。私はくじ引きによってクラスのリーダーになってしまったのですが、**サブリーダー（高学歴の大企業勤め）が苦手なタイプの人間なんです。**私が何も決めようとしても必ず否定して、最終的には彼女の望んだとおりになってしまうなど、いろいろイラつくポイントが多い彼女とうまくつきあう方法があれば教えてください」

富澤：とりあえず簡単なところで、名前の呼び方で距離を縮めてみたらどう？

伊達：「**おい、サブ。『まつり』歌ってくれ**」

富澤：**北島三郎さんじゃねーか！**　それもうあおってんだろ。よけい関係がこじれるわ。

伊達：でもこれ実際のところ、相談者さんがひとつ大人になってつきあっていくしかないんじゃないの？

富澤：相手はガンコそうだしな。

伊達：たとえばサブの意見を「否定」ととらえるんじゃなくて、**さまざまな意見があるなぁと考えてみたら？**　くじ引きとはいえいちおうリーダーになっちゃったんだからさ、それでよりよい結論にすればいいじゃん。

富澤：まあそれは一理あるだろうな。あとさりげなくサブって呼ぶのがなんか気になるわ。

伊達：相談者さんは今までけっこう自分の意見が通ってきた人なのかもね。だから相手の意見を素直に受け入れられない可能性もあるよ。

富澤：なるほどな。

伊達：そして北島もまた同じタイプ。

富澤：北島呼びもやめろ！

伊達：その証拠になぜ、相談者さんはまつりの高学歴を知っているのか…。

富澤：もう確実にイジってんじゃねーか！

伊達：それは「私、○○大卒なんです」と自己紹介をされた過去があるから。つまり「私は高学歴なんです」とさりげなく伝え、相手にマウントを取ることによって、この保育園で天下を取りにきてるってことなんだよぉぉぉぉ!!

富澤：気でもふれたか？　イマイチ話を理解できないんだが。

伊達：**保育園というのは関ケ原なわけ。**子どもたちが卒園する5年後の未来を想像してください。あなたは天下人となって、サブリーダーの顔を踏みつけられていますか？

富澤：どうした？　よりいっそうわけのわからない事態に陥っているけども。

伊達：心構えがぬるいんだよ。うまくつきあうとか、気にしないとか、もう現段階でその次元の話ではなくなってんだよな。**相手も天下取りにきてんだから。**

富澤：相手も!?

伊達：やるかやられるか!?　顔を踏むのか踏まれるのか!?　つまりは保育園のママ友の争いというのはそういうことなんだ！　わかったかあ!!

富澤：今回に関しては心の底からちょっと何言ってるかわかんないですけど…参考になったかわかりませんが、相談者さん頑張ってください!!

こたえ 38

保育園というのは関ケ原なわけ。

そういうことらしいです。

しつもん

39

相談できるパパ友が欲しい！

（Kさん／34歳／7ヵ月の男の子のパパ）

伊達：どうも、サンドウィッチマン伊達です。

富澤：暦の上では富澤です。

伊達：シーズン通して富澤だろ。

富澤：本日のお悩みはなんですか？

伊達：7ヵ月の男の子をもつ、34歳のパパさんからのお悩みです。「育児のことで意見が異なることがあるのですが、妻が主導権を握っているので『これでいいの』と言われると黙るしかありません。こんなときに相談できる友人がいればなとも思うのですが、**男どうし、家の内情まで話すのも抵抗があって、なかなか腹を割って話せません。**おふたりはそのようなとき、どのように対応していますか？　また、**相談できるパパ友などはいますか？**」

富澤：**パパ友なんてひとりもいないよ。**

伊達：いないな。俺等が特殊な世界にいるせいかもしれないけど、まずパパ友ができるような場面に出くわさないもん。

富澤：伊達んとことはうちと子どもが同い年ってこともあるから、話をしたりもするけど、パパ友って間柄じゃないしね。

伊達：芸人仲間ともたまに会話はするけど、意外とそんな深い話はしてないもんな。あとこのパパさんね、腹を割って話せないって言ってる時点でパパ友なんてできませんよ？もし本気でパパ友が欲しいなら、**風呂でのおつきあいを始めてみましょう。裸のつきあいをすれば自然に絆は深まっていくものなんで。**

富澤：つまりは全裸で腰にタオルだけ巻いて、近所の公園で子どもと遊んでるお父さんに「いっしょにひとっ風呂どうですか？」と声をかければ問題なしってことか。

伊達：問題だらけだよ！　通報されるわ！

富澤：あと俺等の場合、もし奥さんのことで愚痴があっても、誰かに相談とか絶対にしないよな。

伊達：まずないね。なんかあったとしても、ラジオのフリートークでネタとして話すくらい。

富澤：そうそう。だから何かもめそうなときには「**なんか起これ！」ってちょっと事件を期待してるもん。**完全に職業病だわ。

伊達：俺、釣りが好きでよく家族と海に行くんだけど、全然釣れないんだよ。そうするとカミさんが「全然釣れないじゃん」って釣果を気にすんの。でも俺的には「いやいや、そこじゃねーから！　家族で過ごす時間に意味があっから！」てなぐあいの愚痴を本人には言わず、**ラジオとかで語って、心を浄化させてます。**

富澤：今もサラッと浄化させたな。

伊達：でもこうやって発信することで気持ちが楽になることもあると思うんだよ。だからこのパパさんもＳＮＳやブログに愚痴を書いてみたらいいかもね。まあ本当は夫婦間の問題は直接話し合うのがベストだろうから、もっと会話をふやしてほしいけども。

富澤：じゃあ旦那さんがブログに書いた愚痴に対して反論があれば、奥さんはコメント欄にご記入ください。

伊達：面と向かって話せよ！　めんどくせーな！

こたえ

39

腰にタオルを巻いて公園に出陣！

街で全裸は犯罪だろ！

しつもん 40

騒音を注意されてしまいます

（Mさん／38歳／6歳と4歳と0歳の男の子のママ）

伊達：どうも、サンドウィッチマン伊達です。

富澤：**「親不孝」の富澤です。**

伊達：**それ結成当初のコンビ名だろ。**

富澤：本日のお悩みはなんですか？

伊達：3人の男の子をもつ、ママさんからのお悩みです。「ステイホームの影響でしょうか、下の階に住む老夫婦から『もう少し静かにしてほしい。テレビの音が聞こえない』というような苦情を言われるようになりました。**今までは特にトラブルもなく、会ったときには『3人もいてにぎやかかね』と声を掛けられる**くらいだったのですが…。それからは気をつけるようにしていたのですが、管理会社からは定期的に苦情の連絡が入ります。育ち盛りの男の子がいる状況で静かにするには限界があると思うのですが、どうしたらいいでしょうか？」

富澤：音が聞こえないなら、下の階にも聞こえるくらいの爆音でテレビをかけてあげたらどう？

伊達：「これでテレビの音が聞こえるようになったわ。ありがとう」とはなんないだろ。

富澤：**逆に「下の階の老夫婦が静かすぎませんか？」って苦情入れてみる**のもありかもよ。

伊達：完全なる言いがかりだろ！

富澤：なら苦情を入れにくい騒音を出すとか。

伊達：なんだよ、苦情を入れにくい騒音って。

富澤：やたらと銃声を響かせて、「あれ？　これってもしかして、関わっちゃいけない人たちなんじゃ!?」と思わせたりさ。

伊達：苦情は来なくなるかもしれないけど、失うものも大きそうだな。でも改めて相談内容を見返すと、この相談者さんも気になるな。「3人もいてにぎやかね」なんて言われてる時点で、**これは苦情かなと思わないかな？**　そこに気づかず「これまではトラブルもなく…」なんて言えてしまうところに、認識の甘さも感じるな。

富澤：まあたしかにそれは言えてるな。俺だったらそれを言われた時点で先に謝っちゃうけどな。こういったご近所トラブルって、お互いの感覚のズレが原因だったりするから、相手に対する配慮の気持ちが大事だよな。

伊達：これクレーム入れてるの夫婦だけじゃない可能性あるからね。管理会社って「〇〇さんから苦情が来てますよ」と名指しはしないじゃん。下手したら今住んでる部屋の四方八方から苦情の連絡が行ってるかもしれないよ。なので今回のことを機に、各所に対する配慮を心がけてみましょう。

富澤： ひとまずここはそもそものきっかけとなった老夫婦に今一度、謝罪しに行きましょう。**ご夫婦だけで行くのではなく、子どもといっしょに謝るのがいいかもな。**それで家族ぐるみで老夫婦と仲よくなれれば一石二鳥ですよ。

伊達： お詫びの効果をより高めるなら、いつぞやの議員のように**号泣しながら謝罪するスタイルがオススメですね。**

富澤： それは正直、逆効果だろ。

それは正直、逆効果だろ。

こたえ 40

号泣しながら謝罪するスタイルがおススメですね。

しつもん 41

ママ友にたかられて困っています

（Nさん／42歳／9歳の女の子、7歳男の子のママ）

伊達：どうも、サンドウィッチマン伊達です。

富澤：今朝、道に落ちてる軍手を目撃しました。

伊達：なんの報告だよ！　どうでもいいわ！

富澤：本日のお悩みはなんですか？

伊達：9歳の女の子と7ヵ月の男の子をもつ、42歳のママさんからのお悩みです。「同じマンションに住む、**年下のママ友の〝たかり癖〟に困っています。**ウチの長男と同じ月齢の子どもがいて、出産した病院も同じということもあり仲よくなりました。最初は特に問題もなかったのですが、しだいに相手の気になる行動が目につき始めたんです。お昼どきにやって来てご飯を食べていったり、冷房を切っていても勝手につけたり。**『昼寝するから』とやんわり帰ってアピールしても『気にしないで寝ていいよ』**って…。購入したマンションなので、引っ越すこともできないですし、どう対処すればよいものなのでしょうか？」

富澤：こんなもんは半沢直樹ですよ。

伊達：やられたらやり返す？

富澤：そうそう。朝イチで相手の家に出向いて飯を食わせてもらったり、エアコンを勝手につけたり消したりして、いかに自分が迷惑な行為をしているか、身をもってわからせるっていうね。

伊達：そしたら今度は、相手がそれよりも更に早い時間に訪問してくるかもよ。

富澤：なんだよその陣取り合戦！　それなら家に来たくなくなるような、居心地の悪い環境を作ってみるとかは？　**部屋の湿度をスゲーあげておくとか。**

伊達：地味だな！　自分の居心地も悪くなるだろ！

富澤：部屋に来るたび、「ちょっとお金貸してくれない？」と懇願してみたり。

伊達：ああ、それいいかもな。あとは**ネズミ講みたいなカタログを見える場所に置いておいて、自己啓発セミナーに誘ってみるとか。**

富澤：お金を貸してくれなかった場合には、「お金がないから、いっしょにパチンコに行かない？」って、追い込みをかけて。

伊達：で、行かないですと断られたら**謎の錠剤を大量に飲み出して「あーイライラする！」って割り箸を大量に折ってみたり。**ここまですれば確実に来なくはなるでしょ。まわりに変な噂は流されるだろうけど。
富澤：まあそうはならないよう「そういう作戦を仕掛けているんで」と、あらかじめご近所さんにアナウンスしておく必要はあるよね。でも根本的な話に戻るけどさ、恐らくこの年下のママさんは、悪気なんてないですよ。仲良い先輩ができたくらいの感覚で懐いているだけだと思うけどね。
伊達：そうそう。**「たかってやろう！」なんて気はないと思いますよ、天然ちゃんなのかも。**相談者さんは、すでに嫌気がさしてて相手のことを嫌いになっているから、そう思っちゃうのかもしれないよな。
富澤：それはあるんじゃない。でないと、ここまで思い悩まないでしょ。大人の対応で関係を続けているのもいつか限界が来るでしょうから、どこかで踏ん切りをつけないと。
伊達：関係が悪くなったとしても、相手へ素直な気持ちを伝えるべきなんじゃないですかね。
富澤：パチンコ行こうよって。
伊達：そっちじゃねーよ！

こたえ 41

ネズミ講みたいなカタログを置いて自己啓発セミナーに誘ってみるとか？

変な噂が流されそうだな！

しつもん 42

育児より仕事を頑張りたい。いけないことでしょうか？

（Aさん／35歳／7ヵ月の男の子のパパ）

伊達：どうも、サンドウィッチマン伊達です。

富澤：片倉ブリザードです。

伊達：それウチの若手芸人だろ！　ライブの手伝い一生懸命やるやつな。って、悲しいけど誰も知らねーよ！

富澤：本日のお悩みはなんですか？

伊達：7ヵ月の男の子をもつ、35歳のパパさんからのお悩みです。「製薬会社に勤めていて、仕事は激務です。ですが仕事が好きですし、やりがいもあるのでなんの不満もありません。ただ世の中の**『男性も育児をしないとダメ』という風潮に違和感を覚えます。**人間には向き不向きがあるので、『苦手な人は無理して育児に参加をしなくてもいいのでは？』と感じるのです。自分は仕事のほうが向いているので、そちらで成果を出すことに専念。妻は育児に専念。そして自分が出世をすれば給料も上がるので、家族もハッピーになると思っているのですが…この考え方は間違っているのでしょうか？」

富澤：いろんな考え方があるだろうから、別にこの考え方も間違ってはいないんじゃない。

伊達：**奥さんから「もっと働けよ！」なんて言われるよりはマシだよな。**俺もこういうパパがいてもいいと思うよ。

富澤：お互いの役割分担を明確にしたいだけで、家族をないがしろにしているわけでもなさそうだしね。

伊達：そうそう。このパパさんは、お金を稼ぐということに専念したいってことなんでしょ。仕事が好きなら幸せなことだよな。

富澤：お子さんもまだ小さくて、お父さんがいなくても寂しいって感情も芽生えてないだろうし、**働くんなら逆に今がチャンスかもよ。**

伊達：そうだな。もう少しすれば、今度は子どもがかわいくてかわいくてしかたがない時期が訪れて、「仕事行きたくない」「もっといっしょにいたい」なんて言い出しかねないからね。

富澤：まあそうなったら、今度は仕事よりも子どもとの時間を大事にすればいいんじゃないの。

伊達：富澤は子どもとの時間つくったりしてる？

富澤：いっしょに遊んだりしてるよ。**あと授業参観にも出たりして、思い出に残るような場**

面には極力参加してるかな。カミさん曰く、子どもたちもものすごく喜んでくれてるみたい。

伊達：自慢のパパなんだろうな。

富澤：なんと言っても好感度の塊ですからね。

伊達：ちょっとは謙遜しろよ！

富澤：まあでもわれわれはあくまでも奥さんがこのスタイルに不満がないということを前提に話してますよ。もしこれが旦那さんだけの考えで一方的にやっていることなら大問題だけど。

伊達：確かに。**まずはこの状況に本当に不満がないか？ これを奥さんに確認すべきだね。**そして、今旦那さんが大好きな仕事を続けられているのは、奥さんの支えあってのものだという、**感謝の気持ちを日々忘れないこと。**そういった心くばりを大事にして欲しいですね。にしても今日の俺等、ほとんどボケてないな。まじめに答えすぎなんじゃない？

富澤：あ、大丈夫。今話してたの全部ウソだから。

伊達：**ウソだったのかよ！** それはそれで大問題だわ！

こたえ 42

「もっと働けよ！」と言われるよりはマシだね。

まずは奥さんに不満がないか確認してね！

おまけ質問《おまけ》

無人島に3つだけ持っていけるとしたら、何を持っていきますか?

けっこう持っていけるな！
普通ひとつだけだろ?

まあ俺は行かないよね。
面倒くさいし。

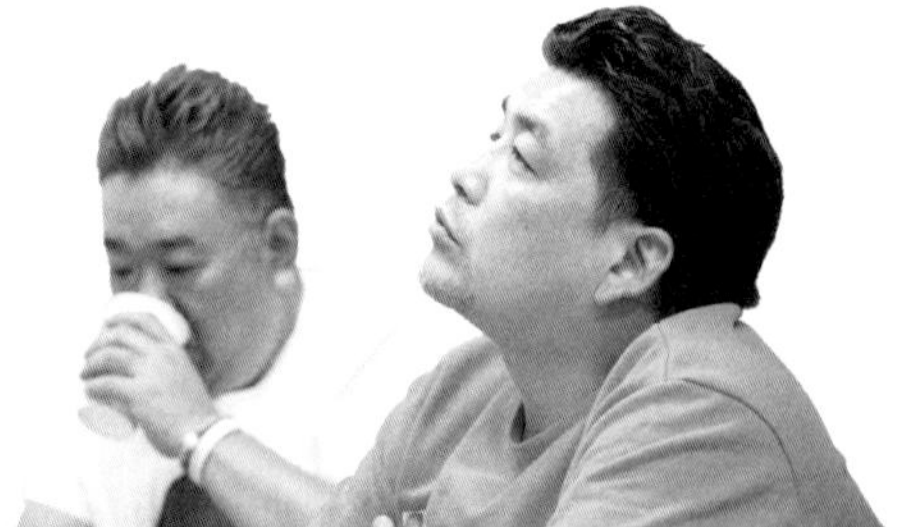

おわりに

伊達：どうも、サンドウィッチマン伊達です。
富澤：富澤です。せーの！ We are サンドウィッチマン！
伊達：だせーな！　やったことねーだろ、そんなの！
富澤：さて本日のお悩みはなんですか？
伊達：いやもう連載終わったろ。
富澤：どういうことですか？
伊達：だから、これは本になった『俺等に聞くの!?』のあとがきなの。
富澤：なるほど…で、どういうことですか？
伊達：いつまでやんだよ！　お前１回なるほどって飲みこんだじゃねーか！

富澤：あとがきということですが、連載も意外と長いことやってたよな。『ゴルゴ13』と大差ないんじゃない？

伊達：足もとにも及ばねーわ！　そこそこやってたといっても４年だから。

富澤：まあそもそもでわれわれにこの連載の話がきたときは「正気か？」とは思ったよね。

伊達：そうだな。『赤ちゃんとママ』が廃刊するから破れかぶれでオファー出してきたのか？　って疑うレベルだったもん。連載を断るつもりはなかった？

富澤：なかったね。自分たちも親という立場から読者の人たちに何かを伝えられるかもしれないなと思ったし、何よりおもしろそうだなと思えたから引き受けたよね。それにしてもけっこうな数のお悩みを解決してきたもんだな。

伊達：厳密には解決してないことのほうがほとんどだったけどな。でもこの連載があったおかげで成長できた部分はあると思うんだ。

富澤：どこからが浮気ですか？　の回答がすばらしかったことで、より好感度が増した的な？

伊達：そうじゃねーよ！　たとえばママからのお悩みを読んでみると、パパの目線からでは到底気づかないようなことに気づかされたりしたわけじゃん。そういうところでまたひとつ父親として成長できたんじゃないかなと感じたわけよ。

富澤：おいおい、まだ好感度が欲しいのかよ…。

伊達：いや、本心だわ！

富澤：これ育児本として出版しても誰も手に取らないでしょ。こんなカバーになっちゃったし。だったらいっそのことエロ本コーナーに設置してみてほしいよね。

伊達：内容も内容だし、そのほうが売り上げも伸びるかもしれないしな。

富澤：皆さん、書店でわれわれの本がどのコーナーに置かれているのか？　ぜひとも確認してみてください。それではまた来月お会いしましょう。

伊達：だからこれは連載じゃねぇんだよ！

富澤：どういうことですか？

伊達：振り出しに戻るのかよ！

カバー協力
株式会社 助太刀
株式会社 電通
株式会社 東北新社

本文撮影
米山典子
（各章扉／p68／p138／p184）

協力
株式会社 グレープカンパニー

サンドウィッチマン
漫才師。グレープカンパニー所属。
宮城県仙台市出身の伊達みきお、富澤たけしにより1998年9月に結成。
2007年M-1グランプリ王者。
みやぎ絆大使、東北楽天ゴールデンイーグルス応援大使、
宮城ラグビー親善大使、石巻おでん大使など、東北地方の親善大使を多数務める。
それぞれ9歳の女の子、9歳と6歳の男の子のパパ（2021年現在）。

サンドウィッチマンの俺等に聞くの!?

2021年12月10日　初版第1刷発行

著者：**サンドウィッチマン**

発行人：**小山朝史**

発行所：**株式会社赤ちゃんとママ社**
〒160-0003 東京都新宿区四谷本塩町14番1号 第2田中ビル
電話：03-5367-6592（販売）
03-5367-6595（編集）
振替：00160-8-43882
https://www.akamama.co.jp

執筆協力：**長部一幸**（株式会社グレープカンパニー）

デザイン：**関 善之+村田慧太朗** for VOLARE inc.

印刷・製本：**図書印刷株式会社**

DTP：**株式会社明昌堂**

校正：**株式会社ぷれす**

編集：**跡辺恵理子**

ISBN978-4-87014-156-8